Tout ce que vous devez savoir
sur le zodiaque chinois le

DRAGON

Tout Ce Que Vous Devez Savoir Sur le Signe du Zodiaque Chinois le Dragon

Robert J Dornan

Copyright © Robert J Dornan 2025

Tous droits réservés. Aucune partie de cette publication ne peut être reproduite, distribuée ou transmise sous quelque forme ou par quelque moyen que ce soit, y compris la photocopie, l'enregistrement ou d'autres méthodes électroniques ou mécaniques, sans l'autorisation écrite préalable de l'éditeur, sauf dans le cas de courtes citations incluses dans des critiques ou d'autres utilisations non commerciales permises par la loi sur le droit d'auteur.

Ce livre est protégé par les lois sur le droit d'auteur et les traités internationaux. Toute reproduction ou distribution non autorisée de cette œuvre, en tout ou en partie, constitue une violation des droits de l'auteur et est passible de poursuites judiciaires.

Table des matières

Préface	IX
Chapitre 1 : Traits de caractère du Dragon	1
Caractéristiques du Dragon : Traits de personnalité et comportements	3
Le Dragon dans le Contexte Historique : Le Rôle du Dragon dans l'Histoire de la Chine	11
Le Rôle du Dragon dans l'Astrologie Chinoise	19
Le Dragon dans la Mythologie Chinoise : Histoires et Légendes	27
Le Dragon dans Différentes Cultures	34
Comment les Cinq Éléments (Bois, Feu, Terre, Métal, Eau) Influencent le Dragon dans l'Astrologie Chinoise	41
Le Dragon en Amour : Tendances Romantiques et Styles Relationnels	50

La Carrière du Dragon : Métiers et Professions Idéaux pour le Dragon	57
Les Forces et Faiblesses du Dragon	65
Les Symboles Porte-Bonheur du Dragon	73
Les Jours Chanceux du Mois pour le Dragon	81
Le Dragon et le Feng Shui	88
La Santé et le Bien-être du Dragon : Équilibrer Vitalité et Repos	95
Le Dragon au Travail : Forces, Défis et Stratégies de Succès	103
Le Dragon et la Richesse : Traits Financiers et Prospérité	110
L'Expression Artistique du Dragon : Créativité et Passion	118
Spiritualité et le Dragon	127
Élever un enfant Dragon : Cultiver un esprit doux et indépendant	135
La Relation du Dragon avec sa Famille	143
La Vie Sociale du Dragon : Charisme, Énergie et Connexion	152
Le Dragon et la Technologie : Comment les Tendances Modernes Influencent le Dragon	160
L'Approche du Dragon en Matière d'Éducation : Styles d'Apprentissage et Quêtes Intellectuelles	169

Voyage et le Dragon : Destinations Préférées et Habitudes de Voyage	178
Les Leçons Karmiques du Dragon : Leçons de Vie et Épanouissement Spirituel	184
L'Horoscope Quotidien du Dragon : Comment sont Déterminées les Prévisions Quotidiennes	191
L'Interaction du Dragon avec le Calendrier Lunaire	199
Le Rôle du Dragon dans la Médecine Traditionnelle Chinoise : Pratiques de Santé et Guérison	206
La Contribution du Dragon à la Société	214
Le Dragon et les Superstitions : Croyances et Rituels Courants	222
Les valeurs éthiques du Dragon : Morale et prise de decision	227
Le voyage à vie du Dragon	233
Chapitre 2: Compatibilité	240
La Compatibilité entre le Dragon et le Rat	241
Compatibilité entre Dragon et Buffle	248
La Compatibilité entre le Dragon et le Tigre	255
La Compatibilité entre le Dragon et le Lapin	263
La Compatibilité Entre Dragon et Dragon	271
La Compatibilité entre le Dragon et le Serpent	279

La Compatibilité entre le Dragon et le Cheval	287
La Compatibilité entre le Dragon et la Chèvre (Mouton)	294
La Compatibilité Entre le Dragon et le Singe	301
La Compatibilité Entre le Dragon et le Coq	309
La compatibilité entre le Dragon et le Chien	317
La compatibilité entre le Dragon et le Cochon	325

Préface

Dans l'illustre histoire du zodiaque chinois, le Dragon se dresse comme un symbole de puissance, de charisme et d'énergie sans limite. Estimés pour leur présence dynamique et leur esprit indomptable, les Dragons sont réputés pour leur capacité à inspirer et à diriger. Avec leurs personnalités magnétiques et leur détermination sans relâche, les Dragons laissent une empreinte durable sur ceux qui les entourent, transformant leurs ambitions en réalité grâce à un mélange unique de vision et de courage. Tout ce que vous devez savoir sur le zodiaque chinois : Le Dragon explore les traits distinctifs de ceux nés sous le signe du Dragon, examinant comment leurs qualités exceptionnelles influencent leurs relations, leurs carrières et leur développement personnel.

Que vous soyez un Dragon désireux de mieux comprendre votre propre caractère ou un lecteur curieux intrigué par ce signe redoutable, vous trouverez des informations précieuses sur l'influence du destin et de la chance dans la vie d'un Dragon. Rejoignez-nous dans ce voyage à travers le monde fascinant du

Dragon, en découvrant les secrets pour exploiter leur potentiel inné et prospérer dans un monde en constante évolution.

Chapitre 1 : Traits de caractère du Dragon

Caractéristiques du Dragon : Traits de personnalité et comportements

En astrologie chinoise, le Dragon est le signe le plus auspiceux et puissant des douze signes du zodiaque. Représentant la force, l'ambition et l'indépendance, les personnes nées sous ce signe sont réputées pour leur présence imposante et leur aura naturelle de leadership. En tant que symbole dynamique et vénéré dans la culture chinoise, le Dragon incarne des traits qui reflètent son statut légendaire de créature mystique et puissante.

Leaders Nés

Le Dragon est souvent considéré comme un symbole de leadership et d'autorité. Les natifs de l'Année du Dragon dégagent une confiance naturelle et possèdent une capacité innée à inspirer et guider les autres. Ambitieux et déterminés, ils visent toujours à atteindre leurs objectifs, qu'ils soient grandioses ou apparemment inatteignables. Les Dragons excellent dans les rôles de leadership et prennent facilement les commandes, suscitant naturellement le respect de leurs pairs. Leur présence est à la fois imposante et charismatique, ce qui en fait des influenceurs naturels dans les cercles sociaux et professionnels.

Les Dragons sont également connus pour leur vision. Ils savent percevoir la situation dans son ensemble et n'hésitent pas à prendre des risques s'ils croient au potentiel d'un projet ou d'une idée. Cette capacité à envisager le succès, combinée à leur détermination et leur ingéniosité, leur permet de réaliser de grandes choses. Ils sont souvent des pionniers qui repoussent les limites et encouragent les autres à penser au-delà des conventions.

Passionnés et Enthousiastes
Une caractéristique déterminante du Dragon est sa passion ardente. Les Dragons débordent d'énergie et d'enthousiasme, un état d'esprit contagieux pour ceux qui les entourent. Ils sont profondément passionnés par ce qu'ils entreprennent et se consacrent corps et âme à leur travail, leurs relations et leurs loisirs. Cette intensité les rend souvent très performants dans leurs

entreprises, car ils possèdent la motivation et la persévérance nécessaires pour aller jusqu'au bout.

Les Dragons abordent la vie avec un enthousiasme difficile à égaler et apportent une énergie positive à toute situation. Qu'ils commencent une nouvelle carrière, entament une relation ou poursuivent un objectif personnel, ils s'investissent pleinement. Cette soif de vivre fait d'eux une source de motivation et d'inspiration pour les autres, mais cela peut aussi être écrasant, car les Dragons ont des attentes élevées non seulement envers eux-mêmes, mais aussi envers leur entourage.

Indépendants et Autonomes
L'indépendance est l'un des traits distinctifs du Dragon. Ces individus apprécient leur autonomie et préfèrent compter sur leurs propres capacités plutôt que sur celles des autres. Ils sont confiants dans leur jugement et font souvent confiance à leur instinct pour les guider. Les Dragons prennent facilement les devants et prennent des décisions sans chercher à obtenir l'approbation des autres, ce qui peut les faire paraître parfois obstinés.

Bien que leur indépendance soit un atout, elle peut aussi poser des défis dans les relations personnelles et professionnelles. Les Dragons ont tendance à résister aux contraintes et peuvent avoir du mal dans des situations où ils se sentent restreints ou contrôlés. Ils ont besoin de liberté pour s'exprimer et poursuivre leurs objectifs sans ingérence, ce qui peut parfois les faire paraître distants ou réservés, car ils préfèrent fonctionner selon leurs propres termes.

Ambitieux et Orientés Vers leurs Objectifs

Les Dragons sont extrêmement ambitieux, avec un désir inlassable de réussir. Ils ne se satisfont pas de la médiocrité et cherchent constamment des moyens de s'améliorer et d'exceller. Que ce soit dans leur carrière, leur vie personnelle ou leurs projets créatifs, les Dragons se fixent des normes élevées et travaillent sans relâche pour les atteindre. Leur détermination est à la hauteur de leur confiance, car ils croient fermement en leur capacité à accomplir de grandes choses.

Cette ambition se traduit souvent par une éthique de travail solide. Les Dragons n'ont pas peur de l'effort et feront tout ce qu'il faut pour atteindre leurs objectifs. Ils sont également connus pour leur persévérance, surmontant les obstacles et les revers avec une détermination féroce. Toutefois, cette focalisation intense sur leurs objectifs peut parfois conduire à l'épuisement, car les Dragons ont tendance à en faire trop et à se pousser au-delà de leurs limites.

Créatifs et Innovants

La créativité est une autre caractéristique déterminante du Dragon. Ces individus débordent souvent d'idées innovantes et ont une capacité naturelle à penser différemment. Les Dragons ne se contentent pas de suivre le statu quo – ils cherchent à remettre en question les conventions et à explorer de nouvelles possibilités. Cette créativité, associée à leur esprit visionnaire, en fait d'excellents solveurs de problèmes et innovateurs.

Les Dragons sont souvent attirés par des domaines créatifs où ils peuvent exprimer leur originalité et leur passion. Que ce soit dans les arts, l'entrepreneuriat ou la technologie, les Dragons s'épanouissent dans des environnements qui leur permettent d'innover et de concrétiser leurs idées. Ils sont également très adaptables, capables de pivoter et d'ajuster leur approche lorsque nécessaire, ce qui renforce encore leur potentiel créatif.

Charismatiques et Magnétiques
Les Dragons possèdent une personnalité magnétique qui attire naturellement les gens vers eux. Leur charisme est indéniable, et ils dégagent un charme naturel qui les fait sortir du lot dans n'importe quelle situation. Les Dragons sont souvent le centre de l'attention, affichant une confiance et une énergie contagieuses qui captivent leur entourage. Ce magnétisme fait des Dragons des êtres très sociables et appréciés, car les gens sont attirés par leur énergie positive et leur enthousiasme.

Cependant, ce charisme peut parfois mener à l'arrogance, car les Dragons sont bien conscients de leur impact sur les autres. Leur confiance peut frôler l'excès de confiance, et ils peuvent sembler égocentriques ou vaniteux s'ils ne font pas preuve de modestie. Bien que les Dragons aiment être admirés, ils doivent apprendre à équilibrer leur besoin d'attention avec l'humilité et la conscience de soi.

Émotionnellement Complexes

Bien que les Dragons projettent souvent une image de force et de confiance, ils sont des individus émotionnellement complexes. Sous leur extérieur audacieux se cache une profondeur d'émotions qu'ils n'expriment pas toujours ouvertement. Les Dragons sont sensibles et peuvent être facilement blessés par les critiques ou le rejet, même s'ils ne le montrent pas. Leur fierté les empêche souvent d'admettre leur vulnérabilité, ce qui peut rendre difficile la compréhension de leurs besoins émotionnels par les autres.

Dans les relations, les Dragons peuvent être farouchement loyaux et protecteurs envers ceux qu'ils chérissent. Ils sont généreux de leur temps et de leur affection, mais ils attendent également le même niveau de loyauté et d'engagement en retour. Lorsque leurs attentes ne sont pas satisfaites, les Dragons peuvent ressentir de la frustration ou se retirer émotionnellement. Il est essentiel pour eux d'apprendre à communiquer leurs sentiments et à se permettre d'être vulnérables afin de créer des liens plus profonds et significatifs avec les autres.

Défis rencontrés par les Dragons

Bien que la forte personnalité du Dragon soit souvent une source de succès, elle peut également poser des défis. Leur intense ambition et leur détermination peuvent entraîner du stress et un épuisement, car les Dragons ont tendance à en faire trop et à repousser leurs limites. De plus, leur nature indépendante peut les rendre réticents à accepter de l'aide ou à collaborer avec les autres, ce qui peut limiter leur efficacité dans le travail d'équipe.

Les Dragons peuvent également avoir du mal à équilibrer leur vie personnelle et professionnelle. Leur obsession pour le succès peut parfois éclipser leurs relations personnelles, ce qui peut engendrer des sentiments d'isolement ou d'insatisfaction dans leur vie privée. Il est crucial pour les Dragons d'apprendre à prioriser le soin de soi et à trouver un équilibre entre leurs ambitions et leurs besoins émotionnels.

Les personnes nées sous l'Année du Dragon possèdent un mélange unique de force, d'ambition et de créativité. Leur capacité naturelle à diriger et leur personnalité charismatique les distinguent dans n'importe quel groupe, tandis que leur indépendance et leur détermination les poussent à atteindre leurs objectifs. Toutefois, les Dragons doivent également apprendre à équilibrer leur nature fougueuse avec une ouverture émotionnelle et un esprit de collaboration pour mener des vies épanouies et harmonieuses.

Grâce à leur vision avant-gardiste et à leur détermination inébranlable, les Dragons ont le potentiel de réaliser de grandes choses, faisant d'eux l'un des signes les plus dynamiques et puissants du zodiaque chinois.

Le Dragon dans le Contexte Historique : Le Rôle du Dragon dans l'Histoire de la Chine

Le Dragon est un symbole durable de la culture chinoise depuis des millénaires, profondément ancré dans l'histoire, la mythologie et l'identité du pays. Contrairement aux dragons redoutables des légendes occidentales, le Dragon chinois représente le pouvoir, la force, la sagesse et la protection. Son rôle dans l'histoire chinoise dépasse largement le cadre mythologique, jouant un rôle clé dans la formation des paysages spirituel, politique et culturel de la nation.

Origines du Dragon dans la Mythologie Chinoise

L'origine du Dragon dans la mythologie chinoise remonte à des milliers d'années, à la Chine préhistorique. Des preuves de vénération et de symbolisme du Dragon ont été découvertes dans des artefacts datant de la période néolithique, notamment dans les cultures Yangshao et Hongshan. Les premières représentations de Dragons étaient souvent associées aux éléments, en particulier à l'eau, et on croyait qu'ils contrôlaient les rivières, la pluie et d'autres phénomènes naturels. Cette association avec l'eau faisait du Dragon une figure essentielle dans les sociétés agricoles, qui dépendaient fortement des précipitations pour des récoltes prospères.

Les premières tribus chinoises vénéraient le Dragon comme une divinité de la nature, le considérant comme une créature capable de contrôler les cieux et la terre. Le Dragon était souvent vu comme un être composite, combinant des traits de différents animaux tels que le serpent, le poisson, l'oiseau et le cerf. Ce mélange de caractéristiques soulignait la polyvalence et la puissance du Dragon, symbolisant l'harmonie entre diverses forces naturelles.

À mesure que la société chinoise se développait et se sophistiquait, le rôle du Dragon s'est également élargi. Il a évolué d'un protecteur tribal et d'une divinité de la nature à un symbole de pouvoir impérial, reflétant la centralisation et la consolidation de l'autorité politique dans la Chine antique.

Le Dragon comme Symbole Impérial

Le rôle le plus significatif du Dragon dans l'histoire chinoise est sans doute son association avec l'empereur et le pouvoir impérial. Dès la dynastie Zhou (1046–256 av. J.-C.), le Dragon est devenu un symbole de l'empereur, souvent désigné comme le « Fils du Ciel » et considéré comme un souverain divin. Les Chinois croyaient que l'empereur n'était pas seulement un dirigeant politique, mais aussi un intermédiaire spirituel entre le ciel et la terre, et le Dragon est devenu l'emblème de son autorité.

Le Dragon était omniprésent dans l'iconographie royale, son image ornant tout, des robes de l'empereur à l'architecture de la Cité Interdite. Le « Dragon à cinq griffes » était exclusivement réservé à l'empereur et figurait dans les insignes impériaux, renforçant le lien du Dragon avec la souveraineté et le droit divin. Toute personne utilisant le Dragon de manière réservée à l'empereur s'exposait à de graves sanctions, car cela était considéré comme une remise en question directe de l'autorité impériale.

En plus de représenter le pouvoir de l'empereur, le Dragon était également perçu comme le gardien de l'État chinois. Selon la légende, le fondateur de la dynastie Han (206 av. J.-C. – 220 apr. J.-C.), Liu Bang, était censé être un descendant de Dragon. Cette croyance a renforcé le rôle du Dragon en tant que protecteur divin de la dynastie, et de nombreux empereurs ultérieurs ont cherché à s'associer au Dragon pour légitimer leur règne.

Le Trône du Dragon, siège de l'empereur, est devenu un terme synonyme de monarchie chinoise. Le Dragon symbolisait non seulement le droit divin de l'empereur, mais également la force et la stabilité durables de l'État.

Les Dragons dans la Philosophie et la Religion Chinoises

L'importance du Dragon dans l'histoire chinoise s'étend également aux domaines de la philosophie et de la religion. Dans le taoïsme, l'une des grandes traditions philosophiques et religieuses de Chine, le Dragon est perçu comme une créature du yang (□), représentant la force, le dynamisme et le principe masculin. Il incarne l'idéal taoïste de fluidité et d'adaptabilité, car le Dragon se déplace sans effort entre les cieux, la terre et les mers. Cette association avec l'équilibre et l'harmonie a fait du Dragon une figure clé dans les pratiques et rituels taoïstes.

Dans le confucianisme, le Dragon représente l'autorité morale du souverain. La pensée confucéenne met l'accent sur l'importance d'un gouvernement juste et d'un leadership éthique, et le Dragon, en tant que symbole de l'empereur, reflète ces idéaux. Un dirigeant bienveillant, comme le Dragon, est censé apporter prospérité, paix et ordre à la société.

Le bouddhisme, qui s'est répandu en Chine pendant la dynastie Han, a également intégré le Dragon dans sa cosmologie. Dans les traditions bouddhistes, les Dragons sont souvent représentés comme des protecteurs des textes sacrés et des temples, symbolisant leur rôle de gardiens du savoir spirituel et de la sagesse. Le folklore bouddhiste raconte également des histoires de « Rois Dragons », responsables d'apporter la pluie et de contrôler les mers, reflétant l'association ancienne du Dragon avec l'eau.

Le Dragon et la Cosmologie Chinoise

Dans la cosmologie chinoise, le Dragon joue un rôle central dans la compréhension de l'univers et du monde naturel. Les anciens Chinois ont développé un système de pensée complexe qui reliait la vie humaine aux rythmes du cosmos, et le Dragon était une figure clé dans cette vision du monde.

Le Dragon est étroitement associé au concept chinois de Lung Mei (□□), ou « Veines du Dragon ». Cette idée repose sur la croyance que la terre elle-même possède des veines d'énergie, tout comme le corps humain, et ces veines sont souvent appelées lignes de Dragon. L'alignement approprié des bâtiments, des villes, et même des tombes le long de ces veines de Dragon était censé apporter prospérité, santé et bonne fortune. L'étude de ces lignes constitue un élément essentiel du feng shui (□□), l'ancienne pratique chinoise de la géomancie, qui cherche à harmoniser la vie humaine avec les forces naturelles de l'univers.

Dans le ciel, la constellation connue sous le nom de Dragon Azur (□□, Qīnglóng) est l'un des Quatre Symboles de l'astronomie chinoise, représentant l'est et la saison du printemps. Ce Dragon céleste est censé protéger les cieux et maintenir l'équilibre des saisons changeantes, renforçant encore le rôle du Dragon en tant que gardien de l'harmonie naturelle.

Le Dragon dans les Festivals Chinois et la Culture Populaire

Au fil de l'histoire chinoise, le Dragon n'a pas seulement été un symbole de pouvoir impérial et d'idéaux philosophiques, mais également une figure centrale dans la culture populaire et les festivals. L'exemple le plus célèbre de la présence du Dragon dans les célébrations culturelles est la Danse du Dragon, exécutée pendant le Nouvel An chinois. Cette danse, qui met en scène une longue marionnette en forme de Dragon portée par une équipe de danseurs, symbolise la capacité du Dragon à chasser les mauvais esprits et à apporter chance et prospérité pour la nouvelle année.

Le Dragon joue également un rôle clé dans le Festival des Bateaux-Dragons, une fête qui commémore le poète Qu Yuan. Pendant ce festival, des participants s'affrontent dans des courses de bateaux en forme de Dragon sur les rivières, invoquant la protection du Dragon et espérant une année prospère et réussie.

Dans le folklore et la littérature chinois, le Dragon est souvent dépeint comme une créature sage et bienveillante qui aide les héros, garde des trésors ou contrôle les forces naturelles. Les Dragons figurent dans d'innombrables récits, poèmes et œuvres d'art tout au long de l'histoire chinoise, reflétant leur profonde intégration dans l'imaginaire collectif du peuple chinois.

Le Dragon dans la Chine Moderne

Dans la Chine moderne, le Dragon conserve une importance culturelle et symbolique. Il demeure un puissant symbole national, représentant la force, l'unité et la résilience du peuple chinois. Les citoyens chinois se désignent souvent comme les « descendants du Dragon », une expression qui reflète à la fois leur fierté pour leur héritage et un lien culturel profond avec cette créature légendaire.

L'image du Dragon est toujours largement utilisée dans l'art, l'architecture et les médias, et elle continue de jouer un rôle important dans les festivals et les célébrations publiques. Aux XXe et XXIe siècles, le Dragon est également devenu un symbole de l'essor de la Chine en tant que puissance mondiale, beaucoup le considérant comme une métaphore de la résurgence économique et politique du pays sur la scène internationale.

Le rôle du Dragon dans l'histoire chinoise est vaste et multifacette, s'étendant de la mythologie ancienne au symbolisme impérial, à la pensée philosophique et religieuse, ainsi qu'à l'identité nationale moderne. En tant que créature de puissance, de sagesse et d'autorité immenses, le Dragon a influencé la manière dont les Chinois perçoivent leurs dirigeants, leur relation avec la nature et leur place dans l'univers. Encore aujourd'hui, le Dragon reste une figure centrale de la culture chinoise, un symbole de la force, de la prospérité et de la profondeur spirituelle de la nation. À travers son riche contexte historique, le Dragon continue d'inspirer admiration, révérence et fierté en Chine et au-delà.

Le Rôle du Dragon dans l'Astrologie Chinoise

L'influence du Dragon dépasse les traits et caractéristiques personnels, symbolisant l'autorité, la force et la bonne fortune. Contrairement au concept occidental des dragons en tant que créatures terrifiantes, le Dragon chinois est un symbole positif et de bon augure, profondément enraciné dans le tissu culturel, spirituel et astrologique de la vie chinoise. Dans le cycle de 12 ans du zodiaque chinois, le Dragon occupe une position unique, souvent considéré comme le signe le plus puissant, incarnant la puissance, l'ambition et la chance.

Le Symbolisme du Dragon

Dans la mythologie chinoise, le Dragon est souvent associé aux cieux, à l'empereur et au pouvoir divin. Il est perçu comme une créature bienveillante, représentant la pluie, la fertilité et la prospérité. Le Dragon est un symbole de transformation, souvent considéré comme le maître des éléments aquatiques tels que les rivières, les mers et les précipitations, qui sont essentiels pour l'agriculture et la vie.

Contrairement à de nombreux autres signes du zodiaque qui sont des animaux ayant des représentations terrestres tangibles, le Dragon est mythique, ce qui le distingue en tant que symbole d'un être supérieur. Il n'est pas limité par les contraintes du monde matériel, ce qui en fait un symbole de potentiel illimité. Ceux qui sont nés sous le signe du Dragon sont souvent considérés comme destinés à une grande destinée.

Le Dragon est également profondément lié à l'idée d'équilibre. Il est puissant mais sage, fougueux mais calme, ambitieux mais juste. Ces dualités font du Dragon une figure complexe dans l'astrologie chinoise, représentant à la fois la force et l'harmonie.

Les Caractéristiques du Dragon
Les personnes nées pendant l'Année du Dragon sont reconnues pour leur personnalité charismatique et dynamique. Les Dragons sont des leaders naturels dotés d'un fort sens du but et d'une volonté inébranlable de réussir. Ils dégagent souvent

une grande confiance en eux et possèdent une capacité innée à inspirer les autres. Cela en fait des figures influentes dans leurs communautés et leurs carrières, occupant souvent des rôles de leadership ou d'innovation.

La nature ambitieuse du Dragon fait qu'il se contente rarement de la médiocrité. Il recherche l'excellence dans tout ce qu'il entreprend, que ce soit dans sa vie personnelle ou professionnelle. Les Dragons sont également connus pour leur audace, prêts à prendre des risques que d'autres éviteraient. Cette qualité les rend très performants dans des environnements compétitifs, car ils n'hésitent pas à repousser les limites et à explorer de nouveaux territoires.

En même temps, les Dragons peuvent être intenses et parfois autoritaires. Leur forte volonté et leur désir de contrôle peuvent provoquer des conflits s'ils ne tiennent pas compte des opinions ou des besoins des autres. Bien qu'ils possèdent un profond sens de la justice, les Dragons doivent apprendre à tempérer leur assertivité avec de la compassion et de la compréhension pour éviter de s'aliéner ceux qui les entourent.

L'Influence Élémentaire du Dragon
Dans l'astrologie chinoise, les caractéristiques du Dragon sont davantage façonnées par l'influence des Cinq Éléments : Bois, Feu, Terre, Métal et Eau. Ces éléments créent des varia-

tions distinctes dans la personnalité du Dragon en fonction de l'année de naissance.

Dragon de Bois : Le Dragon de Bois est imaginatif, coopératif et débordant d'énergie créative. Sa générosité et son ouverture d'esprit le rendent plus accessible que les autres types de Dragon. Les Dragons de Bois se concentrent souvent sur des projets qui bénéficient non seulement à eux-mêmes mais aussi à ceux qui les entourent.

Dragon de Feu : Connu pour sa passion intense et son énergie débordante, le Dragon de Feu est le plus dynamique de tous les types de Dragon. Audacieux et ambitieux, il cherche souvent des rôles de leadership. Son enthousiasme est contagieux, motivant les autres à le suivre.

Dragon de Terre : Le Dragon de Terre est pratique, organisé et plus ancré que les autres Dragons. Bien qu'il conserve l'ambition et la force caractéristiques du Dragon, il aborde ses objectifs avec une approche méthodique et disciplinée. Les Dragons de Terre sont d'excellents planificateurs et stratèges, réputés pour leur capacité à établir des bases solides pour un succès à long terme.

Dragon de Métal : Les Dragons de Métal sont concentrés, déterminés et incroyablement résilients. Ils ont une forte estime de soi et ne se laissent pas facilement influencer par les autres. Les

Dragons de Métal sont connus pour leur indépendance et leur capacité à atteindre leurs objectifs grâce à leur détermination et à leur travail acharné.

Dragon d'Eau : Les Dragons d'Eau sont plus intuitifs et flexibles que les autres types de Dragons. Ils ont une profonde compréhension des émotions et sont habiles à naviguer dans les situations sociales. Les Dragons d'Eau ont tendance à être plus diplomates, utilisant leur charme et leur perspicacité pour bâtir des relations solides.

Ces variations élémentaires enrichissent la personnalité du Dragon, mettant en lumière des forces et des défis différents. L'interaction entre les traits inhérents du Dragon et l'influence des éléments crée un personnage complexe et multifacette dans l'astrologie chinoise.

Le Rôle du Dragon dans la Compatibilité

Dans le zodiaque chinois, la compatibilité entre les signes est un facteur important dans les relations, qu'elles soient personnelles ou professionnelles. Le Dragon, avec sa nature puissante et affirmée, s'accorde bien avec certains signes tout en entrant en conflit avec d'autres.

Meilleures correspondances : Le Rat et le Singe sont considérés comme les meilleures correspondances pour le Dragon. L'intelligence et l'ingéniosité du Rat complètent l'ambition du

Dragon, tandis que l'esprit vif et la créativité du Singe offrent un partenariat stimulant et amusant. Ensemble, ces signes forment une relation dynamique et harmonieuse, où chaque partenaire soutient les forces et les ambitions de l'autre.

Bonnes correspondances : Le Coq est une autre bonne correspondance pour le Dragon. Les Coqs sont travailleurs et soucieux des détails, apportant au Dragon le soutien et l'organisation nécessaires pour réaliser ses grandes visions. La nature pratique du Coq équilibre les tendances parfois impulsives du Dragon, créant une relation stable et productive.

Correspondances difficiles : Le Chien est souvent considéré comme une correspondance difficile pour le Dragon. Bien que les deux soient déterminés et volontaires, leurs personnalités peuvent entrer en conflit en raison de leurs approches différentes. La loyauté et le sens de la justice du Chien peuvent s'opposer à la nature plus dominante et ambitieuse du Dragon, entraînant des luttes de pouvoir potentielles.

Le Rôle du Dragon dans le Cycle du Zodiaque Chinois

Le Dragon joue un rôle significatif dans le cycle de 12 ans du zodiaque chinois. Chaque année est associée à l'un des signes du zodiaque, et lorsqu'une année du Dragon survient, elle est perçue comme une période de grands changements, de progrès et de potentiel. Les années du Dragon sont souvent marquées par des bouleversements dynamiques dans la société, offrant des opportunités de croissance, d'innovation et de transformation.

Les personnes nées pendant les années du Dragon sont considérées comme destinées au leadership et à la grandeur. On les voit comme des individus possédant la force et la vision nécessaires pour apporter des changements positifs dans le monde. L'énergie de l'année du Dragon influence non seulement ceux qui sont nés sous ce signe, mais aussi l'atmosphère générale de l'année elle-même, conduisant souvent à des périodes de progrès et de réalisations significatifs.

Le Dragon dans la Culture Chinoise
Au-delà de son rôle dans l'astrologie, le Dragon occupe une place spéciale dans la culture chinoise. Il est un symbole d'autorité impériale, souvent associé à l'empereur et au droit divin de gouverner. Le Dragon figure également en bonne place dans les festivals, l'art et la littérature chinois, symbolisant le pouvoir, la chance et la protection.

La danse du Dragon, exécutée pendant le Nouvel An chinois, est l'une des expressions les plus emblématiques de ce symbolisme. Elle est censée apporter la bonne fortune et chasser les mauvais esprits. Dans ce contexte, le dragon n'est pas seulement un signe du zodiaque, mais une représentation des espoirs et aspirations collectifs du peuple.

Le rôle du Dragon dans l'astrologie chinoise est d'une grande importance et d'une grande influence. En tant que symbole de pouvoir, d'ambition et de chance, le Dragon se distingue des autres signes du zodiaque, incarnant des qualités qui suscitent l'admiration et le respect. À travers le prisme des Cinq Éléments, la personnalité du Dragon se raffine davantage, créant une expression riche et diversifiée de ce signe majestueux. Que ce soit par le leadership, la créativité ou la résilience, ceux qui sont nés sous le signe du Dragon sont destinés à laisser une empreinte durable sur le monde.

Le Dragon dans la Mythologie Chinoise : Histoires et Légendes

Le dragon occupe une place centrale dans la mythologie chinoise, vénéré comme l'un des symboles les plus importants et durables de la culture chinoise. Contrairement à son homologue occidental, souvent dépeint comme une force destructrice et malveillante, le dragon chinois est perçu comme une créature bienveillante et puissante, associée à la force, la sagesse et la prospérité. Cette différence témoigne de la vision culturelle et philosophique unique qui a façonné la société chinoise au fil des millénaires. Dans la mythologie chinoise, le dragon n'est pas seulement un emblème de puissance brute ;

il est également une créature profondément enracinée dans les mondes spirituel et naturel, vue comme un protecteur, un créateur et un porteur de bonne fortune.

Origines et Symbolisme du Dragon Chinois

Le dragon chinois, connu sous le nom de long (□), trouve ses racines dans des croyances anciennes et des récits populaires, où il était considéré comme un symbole d'autorité, souvent associé aux empereurs et au droit divin de gouverner. On pense que les premières représentations de dragons en Chine remontent à la période néolithique, avec des figures ressemblant à des dragons découvertes dans des poteries anciennes et des sculptures en jade. Au fil du temps, le dragon a évolué d'une simple créature en un être majestueux, intégrant des caractéristiques animales variées : son corps ressemble à celui d'un serpent, avec les cornes d'un cerf, les yeux d'un lapin, les écailles d'un poisson et les griffes d'un aigle.

Cette forme composite reflète l'association du dragon avec de nombreux aspects de la nature. Les dragons étaient considérés comme les maîtres du climat, en particulier de la pluie et de l'eau, ce qui en faisait des divinités essentielles pour les sociétés agricoles. Les paysans priaient les dragons pour obtenir de la pluie afin de nourrir leurs récoltes, et les festivals célébrant les dragons coïncidaient souvent avec des périodes de sécheresse ou de semis. Le dragon était également lié à l'élément de l'eau en général et était souvent supposé résider dans les rivières, les lacs et les mers.

Outre cette connexion élémentaire, le dragon symbolisait l'autorité, la force et l'auspice. Les empereurs de Chine étaient considérés comme les fils du dragon, et leurs vêtements étaient souvent ornés de motifs de dragons, représentant leur lien divin et leur droit de gouverner. L'association du dragon avec l'empereur s'étendait également à la famille impériale, qui était censée posséder les qualités du dragon : sagesse, puissance et protection envers le peuple.

Les Quatre Rois Dragons
Parmi les nombreuses légendes entourant les dragons, l'histoire des Quatre Rois Dragons se distingue comme l'une des plus durables et culturellement significatives. Les Quatre Rois Dragons, également connus sous le nom de Rois Dragons des Quatre Mers, sont des souverains divins des mers chargés de contrôler les eaux, d'assurer l'équilibre de la nature et de protéger leurs régions respectives. Chacun des quatre rois gouvernait l'un des quatre mers correspondant aux points cardinaux : l'Est, le Sud, l'Ouest et le Nord.

Selon la légende, les Rois Dragons étaient autrefois des dirigeants bienveillants qui protégeaient les humains en assurant la pluie nécessaire. Dans l'un des récits les plus célèbres, l'Empereur de Jade, souverain du ciel, avait négligé les cris des peuples pendant une sécheresse sévère. Les Quatre Rois Dragons, émus par la souffrance des habitants, prirent l'initiative de libérer de la pluie des mers pour nourrir la terre, défiant ainsi l'autorité de l'Empereur de Jade. Furieux de leur désobéissance, l'Empereur de Jade emprisonna les Rois Dragons sous quatre montagnes en guise de punition. Malgré leur confinement, ils continuèrent à influencer les eaux, et l'on croit que leur esprit gouverne encore aujourd'hui les pluies et les mers.

Cette histoire souligne le rôle durable des dragons en tant que gardiens et protecteurs du monde naturel. Les Rois Dragons, bien qu'ils aient été punis pour leur compassion, continuent de subvenir aux besoins de l'humanité, illustrant leur relation essentielle avec la nature et leur rôle dans le maintien de l'équilibre et de l'harmonie.

La Légende de Nüwa et du Dragon

Dans une autre histoire célèbre, Nüwa, la déesse qui a créé l'humanité, joue un rôle significatif aux côtés du dragon. Après avoir façonné les premiers humains à partir d'argile, Nüwa se rendit compte que le monde était en danger lorsque les piliers du ciel s'effondrèrent, provoquant le chaos sur terre. Le ciel commença à se fissurer, et de grandes inondations menaçaient de détruire toutes les formes de vie. Dans cette légende, le dragon est perçu comme un compagnon essentiel de Nüwa dans sa mission pour restaurer l'équilibre.

Pour sauver le monde, Nüwa répara les cieux avec des pierres aux cinq couleurs et utilisa les jambes d'une tortue géante pour soutenir le ciel. Le dragon l'aida en contrôlant les eaux du déluge et en guidant les pluies. Cette histoire renforce l'idée du dragon en tant que protecteur de la Terre, travaillant aux côtés des dieux et déesses pour maintenir l'ordre cosmique. Les dragons sont dépeints comme des êtres qui font le lien entre les royaumes des dieux et des humains, des gardiens à la fois des mondes physique et spirituel.

L'Empereur Jaune et le Dragon
L'Empereur Jaune, l'un des fondateurs légendaires de la civilisation chinoise, est également étroitement lié au dragon. L'Empereur Jaune, ou Huangdi, est souvent représenté comme ayant un dragon pour ancêtre ou capable de se transformer en dragon. Selon la légende, après avoir régné sur la Chine pendant plus d'une centaine d'années et fondé nombre de ses institutions essentielles, l'Empereur Jaune décida de quitter le royaume des mortels et de s'élever vers les cieux.

On raconte qu'un dragon descendit du ciel pour l'emporter, symbolisant sa nature divine et sa connexion étroite avec le cosmos. Cette histoire associe non seulement le dragon aux plus hauts niveaux d'autorité, mais aussi à l'immortalité et à la nature cyclique de la vie et de la mort. L'image de l'Empereur Jaune montant un dragon souligne la croyance selon laquelle les dragons ne sont pas seulement des créatures de la Terre, mais aussi des êtres capables de transcender le plan mortel.

La Danse du Dragon et les Célébrations Culturelles

Au-delà des contes mythologiques, les dragons jouent un rôle important dans les célébrations culturelles chinoises. L'une des traditions les plus connues impliquant des dragons est la Danse du Dragon, souvent exécutée pendant le Nouvel An chinois et d'autres festivals. Dans cette danse, une grande marionnette de dragon, souvent faite de soie, de papier ou de bambou, est portée par un groupe de danseurs qui se déplacent en patterns synchronisés pour imiter les mouvements gracieux et fluides du dragon.

La Danse du Dragon est censée apporter chance, prospérité et protection contre les mauvais esprits. Le dragon, en tant que symbole de puissance et de bonne fortune, est invoqué pour garantir une nouvelle année prospère, et sa danse est destinée à chasser les énergies négatives. Cet aspect célébratoire du dragon renforce son symbolisme positif dans la culture chinoise, où il est vu comme un présage de succès et de bonheur.

Le dragon dans la mythologie chinoise est bien plus qu'une bête mythologique ; il est un symbole de l'esprit chinois, représentant la puissance, la sagesse et l'harmonie avec la nature. À travers les légendes des Quatre Rois Dragons, de l'Empereur Jaune et de Nüwa, le rôle du dragon en tant que protecteur et être divin est cimenté dans l'identité culturelle chinoise. Il demeure un puissant symbole dans les festivals, l'art et la vie quotidienne, incarnant les valeurs et idéaux qui ont façonné la civilisation chinoise pendant des millénaires. Des empereurs antiques aux célébrations modernes, le dragon reste une figure durable, inspirant respect et émerveillement.

Le Dragon dans Différentes Cultures

L e dragon est l'un des symboles les plus emblématiques et les plus durables dans la mythologie, apparaissant dans le folklore et les traditions de nombreuses cultures à travers le monde. Malgré leur présence commune, les dragons sont représentés de manière très différente, allant de créatures bienveillantes et sages à des forces destructrices et malveillantes. Ces variations reflètent les valeurs, les croyances et les environnements naturels des sociétés qui les ont créées.

Dragons Chinois : Symboles de Pouvoir et de Prospérité

Dans la culture chinoise, le dragon est un symbole vénéré de force, de sagesse et de bonne fortune. Il est une figure centrale de la mythologie chinoise depuis des milliers d'années, souvent associé à l'empereur, qui était considéré comme le « fils du dragon ». Contrairement aux dragons terrifiants dans certaines traditions occidentales, les dragons chinois sont généralement des créatures bienveillantes, connues pour leur maîtrise de l'eau, de la pluie et du temps. Ils sont souvent vus comme des protecteurs du peuple et sont censés apporter prospérité et chance.

L'un des rôles clés des dragons dans la culture chinoise est leur lien avec l'eau. Les anciens Chinois croyaient que les dragons résidaient dans les rivières, les lacs et les mers, et contrôlaient la pluie et les inondations. Cette association faisait des dragons des divinités essentielles dans les sociétés agricoles, où le succès des récoltes dépendait de conditions météorologiques favorables. La capacité du dragon à contrôler la pluie était particulièrement importante, et les paysans priaient les dragons pour assurer la fertilité de leurs terres.

Les dragons jouent également un rôle important dans les célébrations du Nouvel An chinois, où la danse du dragon est réalisée pour chasser les mauvais esprits et apporter la bonne fortune. La marionnette du dragon, longue et serpentine, portée par une équipe de danseurs, est une représentation vibrante et puissante du rôle du dragon en tant que gardien et porteur de chance. Tout au long de l'histoire, les dragons chinois ont été représentés dans l'art, l'architecture et les vêtements cérémoniels, symbolisant l'autorité et le pouvoir divin.

Dragons Européens : Bêtes de Destruction et de Chaos

Contrairement aux dragons de la mythologie chinoise, les dragons européens sont souvent décrits comme des créatures malveillantes et dangereuses. Dans de nombreuses cultures européennes, les dragons sont des bêtes ailées, cracheuses de feu, symbolisant le chaos, la destruction et la cupidité. Leur présence dans les histoires mythologiques implique souvent des batailles avec des chevaliers ou des dieux héroïques, où le dragon représente une force qu'il faut vaincre.

L'une des représentations les plus célèbres d'un dragon européen se trouve dans la légende de Saint-Georges et le Dragon. Dans ce conte, Saint-Georges, un chevalier chrétien, défait un dragon redoutable qui terrorise un village. L'histoire est non seulement une célébration de l'héroïsme, mais aussi un symbole du triomphe du bien sur le mal. Ce thème des dragons comme antagonistes est courant dans le folklore européen, où ils sont souvent représentés comme des créatures qui gardent des trésors et dévastent des royaumes.

La nature destructrice des dragons européens peut être liée aux catastrophes naturelles et aux défis environnementaux auxquels les premières sociétés européennes étaient confrontées. Les inondations, les tempêtes et les incendies de forêt étaient des forces sur lesquelles les humains avaient peu de contrôle, et le dragon est devenu une incarnation mythologique de ces éléments imprévisibles et dangereux de la nature. Au Moyen Âge, les dragons étaient souvent utilisés dans la symbolique chrétienne pour représenter Satan ou le péché, renforçant ainsi leurs connotations negatives.

Dragons Japonais : Gardiens du Monde Naturel

Les dragons japonais partagent des similitudes avec les dragons chinois, mais possèdent leurs propres caractéristiques et symbolisme uniques. Comme leurs homologues chinois, les dragons japonais sont souvent associés à l'eau et sont perçus comme des protecteurs du monde naturel. Ils sont généralement représentés comme des créatures longues et serpentinées sans ailes, symbolisant leur lien avec les rivières, les mers et la pluie.

Dans la mythologie japonaise, les dragons sont vénérés en tant qu'êtres sages et puissants qui apportent l'ordre aux éléments naturels. L'un des dragons japonais les plus célèbres est Ryujin, le dieu dragon de la mer. On croyait que Ryujin contrôlait les marées et protégeait les créatures de l'océan. Selon la légende, Ryujin vivait dans un palais sous-marin et avait la capacité de se transformer en humain. Il jouait un rôle important dans le folklore japonais, où il était connu pour sa sagesse et pour offrir des conseils tant aux dieux qu'aux humains.

Les dragons dans la culture japonaise sont souvent perçus comme des protecteurs de la terre, et leur imagerie est omniprésente dans l'art, la littérature et les cérémonies religieuses. Des temples et des sanctuaires dédiés aux dragons peuvent être trouvés à travers le Japon, soulignant leur importance en tant qu'êtres divins qui veillent sur le monde naturel. Bien qu'ils partagent la nature bienveillante des dragons chinois, les dragons japonais ont également une qualité plus mystique et spirituelle, souvent représentés comme des gardiens de trésors cachés ou de connaissances secrètes.

Dragons du Moyen-Orient : Créatures de Chaos et de Destruction

Dans la mythologie du Moyen-Orient, les dragons sont généralement associés au chaos, à la destruction et aux forces primordiales de la nature. L'une des premières représentations d'une créature ressemblant à un dragon se trouve dans la mythologie mésopotamienne ancienne, où la déesse Tiamat, souvent représentée sous la forme d'un serpent ou d'un dragon, représente le chaos de la mer primordiale. Dans le mythe babylonien de la création, Tiamat est vaincue par le dieu Marduk, symbolisant le triomphe de l'ordre sur le chaos.

Ce thème des dragons en tant que forces destructrices est également présent dans d'autres cultures du Moyen-Orient. Dans la mythologie perse ancienne, le dragon Azhi Dahaka est une créature terrifiante avec trois têtes, six yeux, et la capacité de cracher du feu. Azhi Dahaka est un symbole du mal et du chaos, cherchant constamment à détruire le monde et à plonger l'humanité dans l'obscurité. Les héros des légendes perses luttent souvent contre des dragons pour restaurer l'équilibre et l'ordre dans le monde.

Les dragons dans la mythologie du Moyen-Orient sont étroitement liés aux éléments durs et imprévisibles de l'environnement, tels que les déserts, les tempêtes et les inondations. Ces forces naturelles étaient souvent vues comme des manifestations du chaos, et les dragons sont devenus des représentations symboliques du pouvoir destructeur de la nature. Malgré leur nature terrifiante, les dragons du Moyen-Orient étaient également perçus avec un sentiment de crainte et de respect, car ils incarnaient les forces primordiales qui façonnent le monde.

Dragons Mésoaméricains : Serpents Plumés de la Création

Dans les cultures mésoaméricaines, les dragons prennent la forme de serpents plumés, des créatures qui mélangent les qualités des oiseaux et des serpents. Le plus connu de ces dragons est Quetzalcoatl, le dieu serpent plumée des Aztèques, associé au vent, à l'apprentissage et à la création. Quetzalcoatl est une divinité bienveillante, créditée de la création de l'humanité et de l'apport du savoir au peuple.

La représentation de Quetzalcoatl en tant que serpent plumée reflète la croyance mésoaméricaine en l'interconnexion de la terre et du ciel. Le serpent, une créature qui se déplace sur le sol, représente la terre, tandis que les plumes symbolisent le ciel et le divin. Quetzalcoatl est vu comme un pont entre le monde humain et les dieux, apportant équilibre et ordre à l'univers.

D'autres cultures mésoaméricaines, telles que les Mayas, possèdent également des divinités similaires ressemblant à des dragons, souvent associées à la création et à la fertilité. Ces serpents plumés étaient vénérés en tant qu'êtres puissants et sages, responsables de maintenir l'harmonie de l'univers. Leurs représentations dans l'art et l'architecture peuvent être vues dans les ruines des anciennes cités, où ils étaient honorés en tant que dieux de la création et de la vie.

Les dragons sont un symbole universel, apparaissant dans les mythes et légendes de cultures à travers le monde. Bien que leurs significations et rôles varient d'une société à l'autre, ils représentent souvent l'équilibre entre les forces de la création et de la destruction, de l'ordre et du chaos. En Chine et au Japon, les dragons sont des gardiens bienveillants de la nature, apportant la pluie et la prospérité, tandis qu'en Europe et au Moyen-Orient, ils sont souvent perçus comme des créatures terrifiantes devant être vaincues pour restaurer l'équilibre. En Mésoamérique, des serpents plumés comme Quetzalcoatl représentent la création et la sagesse, mettant en lumière le rôle du dragon en tant que force de pouvoir et de protection. Dans toutes ces cultures, le dragon reste un symbole durable et puissant des mystères et merveilles du monde.

Comment les Cinq Éléments (Bois, Feu, Terre, Métal, Eau) Influencent le Dragon dans l'Astrologie Chinoise

Chaque signe du zodiaque chinois est influencé par les cinq éléments : Bois, Feu, Terre, Métal et Eau. Ces éléments façonnent non seulement la personnalité des signes, mais apportent également des caractéristiques uniques à chaque animal du zodiaque. Pour le Dragon, connu pour sa puissance, son ambition et son charisme, les éléments affinent et transforment sa nature, rendant chaque Dragon né sous un cycle élémentaire spécifique unique en termes de forces, de défis et de destinée.

Dans la métaphysique chinoise, les Cinq Éléments sont considérés comme des forces fondamentales qui interagissent et influencent le monde. Ils forment des cycles de création et de destruction, contribuant à équilibrer la nature, le cosmos et les énergies personnelles. Appliqués au Dragon, ces éléments permettent une compréhension plus approfondie de la manière dont ses traits de personnalité dynamiques se manifestent selon les années de naissance.

Dragon de Métal (1940, 2000)

Dragon de Bois (1964, 2024)

Dragon d'Eau (1952, 2012)

Dragon de Feu (1976, 2036)

Dragon de Terre (1928, 1988)

Dragon de Bois : Le Leader Compatissant

Le Dragon de Bois combine les aptitudes naturelles de leadership du Dragon avec la créativité et la croissance associées à l'élément Bois. Cet élément favorise l'expansion, l'innovation et la générosité, façonnant le Dragon de Bois en une figure plus compatissante et visionnaire par rapport aux autres Dragons élémentaires. Les Dragons de Bois ne sont pas seulement ambitieux, mais valorisent également la coopération et le travail d'équipe. Ils sont réputés pour leur capacité à inspirer les autres et pour leur ouverture d'esprit, ce qui en fait des leaders efficaces et des solveurs de problèmes.

L'énergie créative du Bois amplifie le désir naturel du Dragon d'atteindre des objectifs, l'incitant à poursuivre des projets ayant des effets positifs à long terme sur la société. Les Dragons de Bois rêvent en grand et proposent souvent des solutions innovantes aux défis qu'ils rencontrent.

Malgré leur charisme naturel, les Dragons de Bois peuvent avoir tendance à se surmener. Leur désir de croître et d'expansion constante peut les pousser à prendre plus de responsabilités qu'ils ne peuvent en gérer. Ils doivent apprendre à équilibrer leurs ambitions avec une approche pragmatique, en canalisant leur énergie vers des projets durables plutôt que de se disperser.

Dragon de Feu : Le Visionnaire Dynamique
Le Dragon de Feu est le plus intense et énergique des types de Dragon, incarnant l'essence ardente de la passion, de l'enthousiasme et de la détermination. Le Feu ajoute une qualité dynamique et parfois explosive à la nature déjà audacieuse du Dragon. Les Dragons de Feu sont des leaders nés, connus pour leur confiance et leur charisme. Ils ont un fort désir d'être à

l'avant-garde de l'action et sont souvent motivés par un sens de l'idéal et de la mission.

Ce Dragon se distingue par sa pensée rapide, sa prise de décision et son sens de l'aventure. Les Dragons de Feu sont intrépides dans la poursuite de leurs objectifs et ne se laissent pas facilement décourager par les échecs. Leur énergie ardente alimente leur ambition, les rendant extrêmement déterminés à réussir grâce à leur seule force de volonté.

Cependant, leur incroyable dynamisme peut parfois les rendre impulsifs ou trop agressifs. Leur désir intense de réussir peut les amener à négliger les sentiments ou les besoins des autres, ce qui peut provoquer des conflits. Les Dragons de Feu doivent cultiver la patience et la sensibilité émotionnelle pour canaliser leur énergie intense de manière constructive.

Dragon de Terre : Le Stratège Pratique

Le Dragon de Terre incarne la stabilité, la responsabilité et une approche de la vie ancrée dans la réalité. La Terre, élément de la praticité, de la discipline et de la planification à long terme, apporte une énergie plus réfléchie et prudente à la personnalité audacieuse du Dragon. Les Dragons de Terre sont reconnus pour leur approche méthodique de la réussite. Ils préfèrent prendre des risques calculés et sont habiles à organiser leurs ressources pour atteindre leurs objectifs.

Les Dragons de Terre ne se laissent pas facilement influencer par les émotions ou les désirs impulsifs. Leur nature ancrée en fait d'excellents stratèges, capables de voir la vue d'ensemble et de planifier pour l'avenir. Ce type de Dragon est souvent impliqué dans des projets de grande envergure nécessitant une planification et une exécution minutieuses. Ils valorisent la tradition, la sécurité et les résultats durables, ce qui en fait des leaders fiables capables de bâtir des bases solides pour le succès.

Malgré leurs forces, les Dragons de Terre peuvent parfois être excessivement prudents ou réticents au changement. Leur préférence pour la stabilité peut les empêcher d'embrasser de nouvelles opportunités ou des innovations comportant des risques. Ils doivent cultiver la flexibilité et l'adaptabilité pour rester ouverts aux nouvelles possibilités tout en maintenant leur fort sens des responsabilités.

Dragon de Métal : Le Réalisateur Résilient
Le métal est l'élément de la force, de la détermination et de la concentration, des qualités qui s'alignent parfaitement avec la nature ambitieuse et affirmée du Dragon. Les Dragons de Métal sont connus pour leur résilience, leur indépendance et leur détermination inébranlable à réussir. Ce type de Dragon fait preuve d'une grande discipline, d'une forte estime de soi et d'une croyance inébranlable en ses capacités. Les Dragons de Métal ne se laissent pas facilement décourager par les obstacles et sont prêts à travailler sans relâche pour atteindre leurs objectifs.

Les Dragons de Métal sont souvent attirés par des rôles de leadership ou des carrières nécessitant un haut niveau de compétence et de détermination. Ils ont une affinité naturelle pour les postes de pouvoir et d'autorité, où ils peuvent mettre à profit leur réflexion stratégique et leur forte volonté pour réussir. Le métal renforce le sens inné du but du Dragon, les rendant profondément engagés dans leurs entreprises personnelles et professionnelles.

Bien que les Dragons de Métal possèdent une impressionnante concentration et résilience, ils peuvent parfois paraître rigides ou inflexibles. Leur forte indépendance peut les amener à refuser l'aide des autres, ce qui peut nuire à leur capacité à établir des partenariats solides. Les Dragons de Métal bénéficieraient d'apprendre à faire confiance aux autres et à trouver un équilibre entre indépendance et collaboration.

Dragon d'Eau : Le Diplomate Intuitif

Le Dragon d'Eau est le plus adaptable et le plus émotionnellement intelligent des types de Dragons. L'eau, en tant qu'élément, représente l'intuition, la fluidité et la profondeur émotionnelle, ce qui renforce la capacité du Dragon à se connecter avec les autres à un niveau plus profond. Les Dragons d'Eau sont connus pour leurs compétences diplomatiques, leur conscience émotionnelle et leur capacité à naviguer avec aisance dans des situations sociales complexes. Ils sont plus introspectifs que les autres types de Dragons et s'appuient souvent sur leur intuition pour prendre des décisions importantes.

Les Dragons d'Eau possèdent un talent naturel pour comprendre les motivations et les émotions des autres, ce qui en fait des négociateurs et des médiateurs habiles. Ils savent convaincre sans être confrontants, utilisant leur charme et leur intelligence émotionnelle pour résoudre les conflits et établir des relations solides. Les Dragons d'Eau sont souvent attirés par des carrières impliquant la communication, la diplomatie ou les arts, où ils peuvent utiliser leur créativité et leur perspicacité pour avoir un impact positif.

Malgré leurs forces, les Dragons d'Eau peuvent avoir des difficultés avec l'indécision ou une sensibilité émotionnelle excessive. Leur tendance à suivre le courant peut parfois les amener à éviter de prendre des positions fortes ou de prendre des décisions difficiles. Les Dragons d'Eau doivent cultiver la confiance en leurs capacités, s'assurant d'équilibrer leur intelligence émotionnelle avec l'affirmation de soi lorsque cela est nécessaire.

Les Cycles de Création et de Destruction

En astrologie chinoise, les Cinq Éléments n'influencent pas seulement les caractéristiques individuelles, mais interagissent également entre eux dans des cycles de création et de destruction. Ces cycles façonnent la personnalité du Dragon en fonction de l'année de naissance et de l'énergie élémentaire qui gouverne cette année spécifique. Par exemple, le Feu peut accentuer l'audace du Dragon, tandis que l'Eau peut adoucir son intensité, le rendant plus introspectif et diplomatique. Comprendre ces influences élémentaires offre une meilleure compréhension de la manière dont les traits du Dragon se manifestent et évoluent au fil du temps.

La relation entre les éléments influence également la compatibilité du Dragon avec les autres signes du zodiaque. Par exemple, un Dragon d'Eau peut trouver une plus grande harmonie avec des individus influencés par le Bois, car le Bois nourrit l'Eau, tandis qu'un Dragon de Métal peut entrer en conflit avec des individus régis par le Feu, car le Feu fait fondre le Métal. Ces interactions créent un réseau complexe de relations qui définissent comment le Dragon navigue dans ses connexions personnelles et professionnelles.

L'influence des Cinq Éléments — Bois, Feu, Terre, Métal et Eau — sur le Dragon en astrologie chinoise fournit une compréhension nuancée de la personnalité multifacette du Dragon. Chaque élément fait ressortir des qualités différentes chez le Dragon, façonnant la manière dont il interagit avec le monde et poursuit ses objectifs. Du leadership compatissant du Dragon de Bois à la diplomatie intuitive du Dragon d'Eau, les influences élémentaires permettent une expression riche et diversifiée de la puissante nature du Dragon. Comprendre ces différences élémentaires aide à apprécier la profondeur et la complexité du rôle du Dragon en astrologie chinoise et fournit des aperçus précieux sur la manière dont il aborde les défis et les opportunités de la vie.

Le Dragon en Amour : Tendances Romantiques et Styles Relationnels

Représentant la force, l'ambition et la confiance, les natifs du signe du Dragon sont naturellement attirés par le leadership et le succès. En matière d'amour et de relations, le Dragon reflète ces mêmes traits, ce qui en fait des partenaires passionnés, intenses et captivants. Leurs tendances romantiques traduisent leur désir de connexions profondes, d'aventures et d'épanouissement personnel.

Présence Charismatique et Magnétique

Les Dragons possèdent un charisme inné qui attire les gens vers eux, et cette qualité magnétique joue un rôle clé dans leur vie amoureuse. En relation, ils prennent souvent les devants : ils initient les conversations, organisent les activités et ravivent la passion. Les Dragons n'ont pas peur d'exprimer leurs sentiments. Leur audace et leur confiance les rendent irrésistibles, laissant souvent une impression durable sur leurs prétendants.

Cette allure naturelle leur garantit rarement un manque d'attention de la part des admirateurs. Ils s'épanouissent dans les environnements sociaux où leur charme peut véritablement briller. En amour, les Dragons ne sont ni passifs ni hésitants. Ils préfèrent poursuivre activement ceux qui les intéressent, manifestant leur affection par des gestes grandioses et parfois dramatiques. La phase de séduction est souvent palpitante et inoubliable grâce à leur enthousiasme et leur détermination.

Amants Passionnés et Intenses

Les Dragons sont connus pour leur intensité, un trait qui se reflète également dans leurs relations amoureuses. Lorsqu'ils s'engagent envers quelqu'un, c'est entièrement. Leur passion peut parfois être écrasante, car ils investissent leur énergie pour créer une relation vibrante et épanouissante. Ils attendent de leurs partenaires le même niveau d'implication, recherchant des liens émotionnels profonds au-delà des simples interactions superficielles.

Cette intensité rend leurs relations exaltantes mais aussi exigeantes. Ils recherchent des partenaires capables de suivre leur dynamisme et leur ambition. Les Dragons ne se contentent pas de la médiocrité en amour ; ils aspirent à être avec quelqu'un qui les stimule, les défie et complète leur nature dynamique.

Cependant, les Dragons peuvent aussi être sujets à des extrêmes émotionnels. Leur passion peut osciller entre une affection profonde et des désaccords enflammés, surtout s'ils sentent que leur partenaire n'est pas aussi engagé qu'eux. Leur forte fierté et leur estime de soi peuvent les empêcher d'exprimer leur vulnérabilité. Ils souhaitent être admirés et respectés, et toute atteinte perçue à leur égard peut provoquer des réactions défensives.

Indépendance et Liberté Personnelle
Bien qu'ils désirent des connexions profondes, les Dragons attachent une grande importance à leur indépendance. Ils sont ambitieux et orientés vers leurs objectifs, souvent concentrés sur leurs réalisations personnelles en parallèle de leurs relations amoureuses. Cette quête de succès peut parfois rendre difficile l'équilibre entre leurs ambitions personnelles et les besoins de leur partenaire.

Les Dragons ne sont généralement ni possessifs ni trop dépendants de leur conjoint. Ils apprécient les partenaires qui respectent leur besoin d'espace et d'autonomie. Les relations avec un Dragon prospèrent souvent lorsque les deux individus sont confiants, sûrs d'eux et capables de poursuivre leurs propres intérêts tout en se soutenant mutuellement.

Cette soif d'indépendance ne signifie pas que les Dragons sont émotionnellement distants. Bien au contraire, ils sont souvent profondément dévoués et loyaux envers leur partenaire. Ils ont simplement besoin d'une dynamique relationnelle qui leur permette de grandir individuellement tout en évoluant en couple. Un partenaire qui tente de contrôler ou de limiter la liberté d'un Dragon risque rapidement de déclencher sa colère ardente.

Défis et Conflits dans les Relations

Bien que les Dragons apportent passion et excitation à leurs relations, ils rencontrent également des défis susceptibles d'affecter leurs partenariats amoureux. L'un des défis les plus notables est leur tendance à être dominants et parfois autoritaires. Naturellement leaders, ils ressentent souvent le besoin de diriger dans leurs relations, ce qui peut provoquer des luttes de pouvoir si leur partenaire a également une personnalité forte ou préfère affirmer sa propre indépendance.

Les Dragons peuvent aussi se montrer impatients, surtout s'ils estiment que leur relation n'avance pas au rythme qu'ils souhaitent. Ils s'épanouissent dans l'action et le progrès constant

; ainsi, les relations lentes ou stagnantes peuvent les frustrer. La patience n'est pas toujours leur point fort, et ils doivent apprendre que les relations nécessitent parfois du temps et des efforts pour évoluer naturellement.

Un Autre Potentiel de Conflit : L'Intensité Émotionnelle du Dragon

Bien que leur passion puisse être une source de force dans une relation, elle peut aussi entraîner des débordements émotionnels ou des désaccords. Les Dragons n'hésitent pas à affronter les conflits, mais ils doivent apprendre à gérer leurs émotions de manière constructive pour éviter de créer des tensions inutiles.

Compatibilité avec les Autres Signes

En astrologie chinoise, la compatibilité entre les signes joue un rôle important dans les relations. Le Dragon, avec sa forte personnalité et sa nature ambitieuse, tend à être le plus compatible avec des signes capables de correspondre à son énergie et de partager sa quête de succès.

Meilleurs Partenaires : Le Rat et le Singe sont considérés comme des partenaires idéaux pour le Dragon. L'intelligence et la débrouillardise du Rat complètent l'ambition du Dragon, créant un partenariat dynamique et puissant. La créativité et l'esprit du Singe apportent un élément ludique et stimulant à la relation, maintenant le Dragon intrigué et engagé. Ces deux signes offrent au Dragon le soutien mental et émotionnel dont il a besoin pour s'épanouir dans une relation à long terme.

Bonnes Compatibilités : Le Coq est un autre bon partenaire pour le Dragon. Les Coqs, organisés et travailleurs, apportent un sens de l'ordre et de la stabilité à la relation. Ils apprécient les qualités de leader du Dragon et sont prêts à soutenir ses ambitions. Cette combinaison crée un partenariat équilibré et productif, où les deux individus travaillent ensemble pour atteindre des objectifs communs.

Relations Défiantes : Le Chien est souvent considéré comme un partenaire difficile pour le Dragon. Bien que tous deux soient déterminés et attachés à leurs principes, leurs approches de la vie peuvent être très différentes. La loyauté et le sens de la justice du Chien peuvent entrer en conflit avec le besoin de contrôle et d'indépendance du Dragon, ce qui risque de provoquer des tensions dans la relation.

La Relation Idéale pour le Dragon

Pour les Dragons, la relation idéale est celle qui leur permet d'exprimer leur passion et leur ambition tout en préservant leur indépendance. Ils recherchent des partenaires capables de suivre leur énergie, de les stimuler intellectuellement et de soutenir leurs objectifs. Les Dragons ne se contentent pas de relations ordinaires ; ils veulent un partenariat extraordinaire, rempli d'excitation, de croissance et de respect mutuel.

En amour, les Dragons sont loyaux et protecteurs envers leurs partenaires. Ils sont prêts à tout pour assurer le bonheur et le bien-être de la personne qu'ils aiment. Leur partenaire idéal est quelqu'un qui comprend leur besoin de liberté et partage leur vision d'un avenir commun. Les Dragons s'épanouissent dans des relations où chaque individu peut poursuivre ses ambitions personnelles tout en construisant un lien solide et durable ensemble.

L'approche du Dragon en amour est aussi audacieuse et dynamique que sa personnalité. Ils apportent passion, intensité et charisme à leurs relations, recherchant des partenaires capables de suivre leur nature ambitieuse. Bien que les Dragons puissent rencontrer des défis pour équilibrer leur indépendance et leur connexion émotionnelle, ils sont profondément dévoués et loyaux une fois qu'ils trouvent un partenaire qui complète leur énergie et leur ambition. En amour, comme dans la vie, les Dragons visent la grandeur, recherchant des relations qui les inspirent, les défient et les comblent.

La Carrière du Dragon : Métiers et Professions Idéaux pour le Dragon

La détermination naturelle et l'énergie du Dragon les propulsent souvent vers le succès, ce qui les rend adaptés aux carrières qui leur permettent de briller, d'innover et d'inspirer. Le parcours professionnel du Dragon reflète leur personnalité dynamique, et ils excellent dans des professions qui les défient et leur offrent des opportunités de croissance.

Leadership et Autorité

Les Dragons sont des leaders nés. Ils s'épanouissent dans des positions d'autorité où ils peuvent prendre des décisions impactantes et diriger des projets vers le succès. Leur assurance, combinée à leur esprit visionnaire, fait d'eux des leaders capables de motiver des équipes et d'inspirer les autres à atteindre de grands objectifs. Les Dragons n'ont pas peur de prendre des risques, et cette audace les mène souvent à des avancées significatives dans leur carrière.

Les chemins professionnels idéaux qui s'alignent avec les qualités de leadership du Dragon incluent :

Entrepreneuriat : Les Dragons possèdent la confiance et la détermination nécessaires pour créer leur propre entreprise. Ils ne sont pas intimidés par les défis de construire quelque chose à partir de zéro et sont prêts à prendre des risques calculés. Leur vision et leur capacité à rallier les gens autour de leurs idées font d'eux des entrepreneurs prospères. Qu'il s'agisse de lancer une startup ou de diriger une entreprise, les Dragons excellent lorsqu'ils contrôlent leur destin.

Postes Exécutifs : Les Dragons atteignent souvent les sommets dans leurs domaines, occupant des postes exécutifs tels que PDG, président ou directeur. Ces positions leur permettent de mettre en pratique leurs compétences en réflexion stratégique et en prise de décision. Ils refusent de se contenter d'être des participants passifs dans leur carrière — ils veulent diriger et faire une différence concrète.

Politique : La présence charismatique et les compétences en communication persuasive des Dragons les rendent aptes à la politique. Leurs opinions fortes et leur confiance en leurs capacités leur permettent de capter l'attention et d'influencer les autres. Ils sont souvent attirés par des positions où ils peuvent opérer des changements à grande échelle, comme des fonctions publiques ou l'activisme. Leur style de leadership en politique est audacieux et sans compromis, ce qui les pousse à accomplir des étapes importantes.

Créativité et Innovation

Les Dragons ne sont pas seulement des leaders ; ce sont aussi des visionnaires. Ils possèdent un sens profond de la créativité et de l'innovation, cherchant toujours de nouvelles façons de résoudre des problèmes ou d'améliorer les systèmes existants. Ils apprécient les carrières qui les stimulent intellectuellement et leur offrent des opportunités de penser de manière originale. Leur capacité à avoir une vue d'ensemble leur permet de proposer des idées inventives que d'autres pourraient négliger.

Les professions idéales qui s'alignent avec la nature créative et innovante du Dragon incluent :

Art et Design : Les Dragons ont un sens aigu de l'esthétique et sont souvent attirés par les domaines créatifs comme l'art, le design et la mode. Qu'ils soient artistes visuels, graphistes ou entrepreneurs dans la mode, les Dragons excellent dans des environnements où ils peuvent exprimer leur originalité. Leur audace se traduit par des créations saisissantes et uniques qui attirent l'attention et l'admiration.

Technologie et Innovation : L'industrie technologique est parfaitement adaptée à l'esprit avant-gardiste des Dragons. Des carrières dans des domaines tels que le développement de logiciels, l'intelligence artificielle et le design de produits leur permettent de repousser les limites du possible. Ils apprécient de travailler sur des projets ayant le potentiel de révolutionner les industries, et leurs compétences en résolution de problèmes en font des atouts précieux dans les startups technologiques et les grandes entreprises.

Marketing et Publicité : Les Dragons sont d'excellents communicateurs et savent créer des messages percutants qui résonnent auprès d'un large public. Dans le marketing et la publicité, les Dragons ont l'occasion de montrer leur créativité en développant des campagnes et des stratégies innovantes. Leur charisme les aide à établir des liens avec les clients et les audiences, ce qui les rend efficaces dans des rôles comme directeur artistique, gestionnaire de marque ou cadre publicitaire.

Carrières Dynamiques et Orientées Action

Les Dragons sont connus pour leur énergie débordante et leur goût pour l'action. Ils ne sont pas faits pour des carrières monotones ou des tâches routinières. Ils s'épanouissent dans des environnements rapides où ils peuvent relever de nouveaux défis en permanence. Ambitieux, les Dragons ont besoin de carrières qui leur offrent excitation, variété et opportunités de prise de décisions rapides.

Les chemins professionnels idéaux pour les Dragons qui apprécient l'action et les environnements dynamiques incluent :

Finance et Investissement : Les Dragons sont naturellement attirés par le monde de la finance, où leur capacité à prendre des décisions audacieuses et des risques calculés peut porter ses fruits. Ils excellent dans des postes comme banquier d'investissement, analyste financier ou courtier en bourse, où ils peuvent prendre des décisions importantes et constater des résultats immédiats. La nature exigeante de l'industrie financière correspond parfaitement à l'amour des défis et des recompenses des Dragons.

Droit : Les Dragons possèdent un fort sens de la justice et de l'équité, ce qui fait du droit une voie professionnelle attrayante. En tant qu'avocats ou juges, ils ont l'opportunité d'influencer la société et de prendre des décisions importantes qui affectent les autres. Leur capacité à réfléchir de manière critique et à argumenter de façon persuasive leur donne un avantage dans les batailles juridiques, et leur détermination garantit qu'ils se battent sans relâche pour leurs clients ou leurs causes.

Sports et athlétisme : Pour les Dragons qui ont une inclinaison physique, une carrière dans le sport et l'athlétisme peut être très gratifiante. Que ce soit en tant qu'athlètes professionnels, entraîneurs ou préparateurs physiques, les Dragons apprécient la compétition et l'intensité qu'offrent les sports. Leur envie d'être les meilleurs les pousse à exceller dans le sport de leur choix, et ils inspirent souvent les autres par leur détermination et leur discipline.

Prise de parole en public et arts de la scène
Les Dragons sont naturellement charismatiques, et leur capacité à captiver un public les rend particulièrement adaptés aux carrières dans la prise de parole en public ou les arts de la scène. Ils s'épanouissent dans des environnements où ils peuvent s'exprimer et interagir avec les autres. Leur présence puissante et leur confiance leur permettent de briller devant de grandes foules, faisant d'eux d'excellents orateurs, artistes ou animateurs.

Professions idéales pour les Dragons dans ce domaine :

Acteur et artiste de scène : Les Dragons aiment être sous les projecteurs, et les carrières dans le théâtre, le cinéma ou le divertissement leur permettent d'exploiter pleinement leur nature expressive. Sur scène ou à l'écran, les Dragons captivent le public par leurs performances audacieuses et leur présence imposante. Ils apportent énergie et enthousiasme à leurs rôles, les rendant inoubliables.

Prise de parole en public et motivation : Les Dragons ont un talent naturel pour les mots, et leurs capacités de persuasion font d'eux d'excellents orateurs. Ils peuvent inspirer et motiver les autres grâce à leurs discours, que ce soit dans des contextes professionnels, des séminaires de motivation ou des événements de plaidoyer. Leur confiance et leur passion pour leur sujet leur permettent de se connecter profondément avec leur audience.

Diffusion et médias : Une carrière dans la diffusion, le journalisme ou les médias offre aux Dragons l'opportunité de communiquer avec un large public. Que ce soit en tant que présentateurs de nouvelles, animateurs radio ou dirigeants médiatiques, les Dragons peuvent utiliser leurs compétences en communication persuasive pour informer, divertir et engager le public. Leur charisme naturel en fait des figures captivantes dans le monde des médias.

L'environnement de travail idéal pour les Dragons

Bien que les Dragons excellent dans de nombreuses professions différentes, leur réussite est souvent influencée par leur environnement de travail. Ils s'épanouissent dans des rôles qui offrent liberté, flexibilité et opportunités de leadership. Les Dragons n'aiment pas être surveillés de trop près ou limités par des structures rigides. Ils ont besoin d'espace pour innover et prendre des risques, car leur nature ambitieuse les pousse à rechercher constamment de nouveaux défis.

Un lieu de travail qui permet aux Dragons de poursuivre leur vision tout en leur fournissant les ressources et le soutien nécessaires est idéal. Que ce soit dans un bureau d'entreprise, un studio créatif ou leur propre entreprise, les Dragons prospèrent lorsqu'ils disposent de l'autonomie nécessaire pour prendre des décisions et influencer la direction de leurs projets.

Le parcours professionnel du Dragon est façonné par ses qualités de leadership, sa créativité et son ambition. Ils sont attirés par des professions qui leur permettent de prendre les commandes, de penser différemment et de travailler dans des environnements dynamiques. Que ce soit en tant qu'entrepreneurs, cadres, artistes ou orateurs, les Dragons sont destinés à réussir dans des carrières qui les défient et leur offrent des opportunités de croissance personnelle et professionnelle. Leur confiance, leur charisme et leur détermination font d'eux des leaders naturels dans tous les domaines qu'ils choisissent de poursuivre.

Les Forces et Faiblesses du Dragon

Le Dragon, l'un des signes les plus vénérés de l'astrologie chinoise, est un symbole de pouvoir, de domination et d'autorité. Ceux nés sous l'Année du Dragon (par exemple, 1952, 1964, 1976, 1988, 2000, 2012, 2024) sont souvent perçus comme énergiques et charismatiques, avec une prédisposition naturelle au leadership. Bien que leurs forces en fassent des figures redoutables, ils possèdent également des vulnérabilités pouvant poser des défis. Comprendre à la fois les forces et les faiblesses du Dragon permet d'éclairer leur personnalité, leur comportement et leurs relations.

Les forces du Dragon

Leadership et charisme

Les Dragons sont reconnus pour leurs talents naturels de leader. Ils possèdent un charisme inné qui attire les autres à eux, ce qui les rend influents dans les contextes sociaux, professionnels et personnels. Que ce soit en milieu professionnel ou parmi leurs amis, les Dragons accèdent souvent à des positions d'autorité grâce à leur présence magnétique et leur capacité à inspirer. Leur confiance dans la prise de décisions et leur aptitude à diriger par l'exemple leur permettent de guider équipes et projets vers le succès.

Confiance et ambition

Les Dragons sont des individus extrêmement confiants. Ils croient en leurs capacités et ne reculent pas devant les défis, même les plus intimidants. Cette confiance s'accompagne d'une nature ambitieuse, qui pousse les Dragons à viser les objectifs les plus élevés. Ils ne se contentent pas de la médiocrité et se surpassent pour atteindre l'excellence dans leurs domaines choisis. Leur ambition les conduit souvent à des réalisations et à une reconnaissance significatives.

Détermination et persévérance

Lorsqu'un Dragon fixe son regard sur un objectif, il le poursuit avec une détermination implacable. Ils ne se laissent pas facilement décourager par les obstacles ou les revers, et leur persévérance constitue l'un de leurs plus grands atouts. Les Dragons sont capables de rester concentrés sur des objectifs à long terme, travaillant sans relâche pour concrétiser leur vision.

Cette qualité les rend particulièrement efficaces dans des environnements compétitifs où la persistance et le travail acharné sont essentiels.

Créativité et innovation

Les Dragons ne sont pas seulement des leaders pratiques, mais aussi des visionnaires créatifs. Ils ont une capacité unique à penser hors des sentiers battus, trouvant souvent des solutions innovantes aux problèmes. Cette créativité s'étend à divers aspects de leur vie, qu'il s'agisse de stratégies commerciales ou d'entreprises artistiques. Leur esprit imaginatif leur permet de voir des opportunités là où d'autres ne voient que des limites, faisant d'eux des pionniers dans leurs domaines respectifs.

Passion et enthousiasme

Les Dragons apportent passion et enthousiasme à tout ce qu'ils entreprennent. Leur énergie flamboyante est contagieuse, motivant ceux qui les entourent à travailler plus dur et à viser plus haut. Cette approche passionnée de la vie fait des Dragons des individus excitants et dynamiques à côtoyer. Que ce soit dans leurs relations, leurs carrières ou leurs loisirs, ils se lancent dans leurs projets avec un sens du but et une vitalité qui les distinguent.

Générosité et loyauté

Bien que les Dragons soient connus pour leur présence puissante, ils sont également incroyablement généreux et loyaux envers ceux qui leur sont chers. Ils prennent leurs amitiés et relations familiales au sérieux, n'hésitant pas à se dépasser pour soutenir leurs proches. Cette générosité ne se limite pas au domaine financier : les Dragons sont également prêts à consacrer leur temps et leur énergie pour aider les autres à atteindre leurs objectifs. Leur loyauté est inébranlable, faisant d'eux des alliés fiables tant sur le plan personnel que professionnel.

Les Faiblesses du Dragon

Impatience et entêtement
Malgré leurs nombreuses qualités, les Dragons peuvent se montrer impatients, surtout lorsque les choses ne se déroulent pas comme prévu. Leur nature ambitieuse les pousse souvent à attendre des résultats rapides, et ils peuvent ressentir de la frustration lorsque les progrès sont lents. Cette impatience peut se manifester dans leurs relations, carrières ou projets, conduisant à des décisions hâtives ou à des conflits avec les autres. De plus, les Dragons peuvent être entêtés, s'accrochant à leurs idées ou opinions même lorsqu'elles ne sont pas les plus efficaces. Cet entêtement peut les empêcher d'écouter les autres ou de s'adapter à de nouvelles perspectives.

Arrogance et orgueil
La confiance des Dragons peut parfois basculer dans l'arrogance. Habitués à être en contrôle et à réussir, ils peuvent développer un sentiment de supériorité envers les autres. Cette

arrogance risque d'éloigner collègues, amis ou partenaires, rendant difficile la construction de relations durables et fondées sur un respect mutuel. Leur orgueil complique également leur capacité à reconnaître leurs torts ou à demander de l'aide, ce qui peut entraîner des erreurs évitables ou des occasions de croissance manquées.

Perfectionnisme
Les Dragons ont des standards élevés, tant pour eux-mêmes que pour les autres. Bien que cette quête d'excellence puisse conduire à de grandes réussites, elle peut également générer des attentes irréalistes. Les Dragons risquent de se montrer excessivement critiques envers eux-mêmes ou les autres lorsque ces attentes ne sont pas atteintes, ce qui engendre insatisfaction et frustration. Leur perfectionnisme peut également les pousser à assumer trop de responsabilités, croyant qu'eux seuls peuvent obtenir les résultats souhaités, ce qui peut les mener à l'épuisement.

Nature autoritaire
Les Dragons, habitués à diriger et à être en contrôle, peuvent parfois adopter une attitude autoritaire. Ils peuvent chercher à imposer leur volonté aux autres, en particulier dans les situations où ils estiment savoir ce qui est le mieux. Cette tendance peut mettre à rude épreuve leurs relations, car tout le monde n'apprécie pas de se sentir dominé ou contraint. Les Dragons

doivent veiller à équilibrer leur assertivité avec une sensibilité aux sentiments et aux perspectives des autres.

Volatilité émotionnelle

Malgré leur confiance apparente, les Dragons peuvent être émotionnellement volatils. Leur passion, bien qu'une force, peut également les rendre sujets à des sautes d'humeur intenses. Lorsque les choses tournent mal, ils peuvent réagir vivement, laissant parfois leurs émotions obscurcir leur jugement. Ils peuvent traverser des moments de frustration, de colère ou de doute, surtout face aux échecs. Apprendre à gérer leurs émotions et à conserver leur sang-froid dans les situations difficiles est essentiel pour leur développement personnel.

Excès de confiance

Bien que la confiance soit l'un des plus grands atouts du Dragon, elle peut aussi devenir une arme à double tranchant. Les Dragons peuvent parfois être trop confiants, sous-estimant les défis ou supposant qu'ils réussiront sans fournir suffisamment d'efforts. Cet excès de confiance peut mener à de mauvaises décisions ou à des risques inutiles. Les Dragons doivent rester ancrés dans la réalité et se rappeler que même leurs talents et capacités naturels nécessitent un effort constant et un perfectionnement continu.

Équilibrer forces et faiblesses

Les forces du Dragon sont impressionnantes, mais leurs faiblesses peuvent parfois compromettre leur succès si elles ne sont pas maîtrisées. Pour atteindre un véritable équilibre dans leur vie, les Dragons doivent travailler sur la gestion de leurs traits les plus difficiles. Cela inclut le développement de la patience, l'écoute des autres et l'apprentissage du lâcher-prise. En embrassant leurs forces tout en restant attentifs à leurs faiblesses, les Dragons peuvent exploiter pleinement leur potentiel dans leur vie personnelle et professionnelle.

L'un des aspects clés sur lesquels les Dragons devraient se concentrer est de cultiver l'humilité. Bien que leur confiance et leurs compétences en leadership les rendent efficaces dans de nombreuses situations, l'humilité leur permet de se connecter plus profondément aux autres et de bâtir des relations authentiques. Accepter qu'ils n'ont pas toujours toutes les réponses et que les autres perspectives ont de la valeur peut les aider à grandir en tant que leaders et individus.

De plus, les Dragons peuvent tirer profit de l'apprentissage de la gestion de leurs émotions. L'intelligence émotionnelle est cruciale pour réussir dans les relations personnelles et professionnelles. En reconnaissant et en régulant leurs réactions émotionnelles, les Dragons peuvent maintenir leur calme dans des situations difficiles, ce qui renforcera leurs capacités de leadership et enrichira leurs relations.

Le Dragon dans l'astrologie chinoise est un signe complexe et dynamique, caractérisé par un mélange unique de forces et de faiblesses. Leur leadership, confiance, créativité et passion en font des individus redoutables capables de grandes réalisations. En même temps, leur impatience, leur arrogance et leur volatilité émotionnelle posent des défis qu'ils doivent s'efforcer de surmonter.

En valorisant leurs forces tout en affrontant leurs faiblesses, les Dragons peuvent déverrouiller tout leur potentiel et mener des vies épanouies, marquées par le succès, l'influence et des connexions significatives avec les autres. Que ce soit dans leur carrière, leurs relations ou leur développement personnel, les Dragons ont la capacité de surmonter leurs défis et de laisser une empreinte durable sur le monde qui les entoure.

Les Symboles Porte-Bonheur du Dragon

Les personnes nées sous l'année du Dragon sont considérées comme fortes, charismatiques et destinées à la grandeur. Elles dégagent une aura de chance et de succès, avec de nombreux symboles et éléments associés à l'amélioration de leur fortune. Des couleurs aux chiffres, en passant par des fleurs et des animaux spécifiques, ces symboles jouent un rôle essentiel dans le façonnement de la destinée du Dragon. Explorer ces symboles porte-bonheur offre un aperçu de la manière dont les Dragons peuvent exploiter la puissance de ces éléments pour maximiser leur chance et leur bien-être.

Chiffres Porte-Bonheur pour le Dragon

Dans la culture chinoise, les chiffres revêtent une grande signification, et certains sont considérés comme particulièrement chanceux pour des signes du zodiaque spécifiques. Pour le Dragon, les chiffres 1, 6 et 7 sont particulièrement favorables. Ces chiffres sont censés apporter succès, énergie positive et bonne fortune.

Chiffre 1 : Ce chiffre représente le leadership et l'indépendance, des traits qui correspondent parfaitement à la personnalité du Dragon. Les Dragons sont des leaders nés, et le chiffre 1 renforce leur capacité à prendre les devants, innover et inspirer les autres. Il symbolise le début de nouvelles entreprises et la confiance nécessaire pour poursuivre des objectifs audacieux.

Chiffre 6 : Associé à des progrès fluides et des relations harmonieuses, le chiffre 6 aide à équilibrer le tempérament intense des Dragons, souvent sujets aux obstacles en raison de leur passion. Ce chiffre apporte stabilité et paix, et est également lié à la prospérité financière et au succès dans les affaires.

Chiffre 7 : Profondément spirituel, le chiffre 7 est souvent associé à la sagesse et à l'intuition. Pour le Dragon, il symbolise la capacité de puiser dans sa force intérieure et de prendre des décisions avisées. Ce chiffre renforce leur intuition naturelle, leur permettant de surmonter les situations complexes avec grâce.

Couleurs Porte-Bonheur pour le Dragon

Les couleurs jouent un rôle essentiel dans l'astrologie chinoise, certaines teintes attirant une énergie positive et de la chance pour chaque signe. Pour les Dragons, les couleurs or, argent et gris sont particulièrement bénéfiques.

Or : Symbole de richesse, de succès et de prospérité, l'or complète parfaitement la nature ambitieuse du Dragon. Cette couleur reflète leur désir de pouvoir et d'accomplissement, attirant l'abondance financière et le statut social. Porter ou s'entourer d'or peut renforcer leur chance dans les affaires et les rôles de leadership.

Argent : Associé à la modernité et à l'innovation, l'argent soutient la créativité des Dragons et leur capacité à penser de manière originale. Cette couleur peut les aider à exceller dans des domaines tels que la technologie, l'art ou le design. De plus, l'argent a un effet apaisant, contribuant à équilibrer la personnalité fougueuse du Dragon, et apportant harmonie et sérénité à leur vie.

Gris : Le gris représente la sagesse et la sophistication, des qualités que les Dragons cherchent souvent à cultiver. Cette couleur améliore leurs efforts intellectuels et leur capacité de prise de décision. Elle aide les Dragons à rester ancrés et réfléchis, surtout dans les moments d'incertitude ou de conflit.

Fleurs Porte-Bonheur pour le Dragon
Les fleurs, symboles de beauté, de croissance et de renouveau dans la culture chinoise, sont associées à chaque signe du zo-

diaque pour apporter chance et prospérité. Pour le Dragon, les fleurs porte-bonheur sont la liane cœur saignant et les lys du dragon.

Liane Cœur Saignant : Cette fleur délicate mais saisissante symbolise l'amour, la compassion et la profondeur émotionnelle. Bien que les Dragons soient connus pour leur force et leur confiance, ils peuvent bénéficier du développement de leur côté plus tendre et empathique. La liane cœur saignant encourage les Dragons à cultiver des relations significatives et à exprimer plus ouvertement leurs émotions, attirant ainsi l'amour et renforçant leurs connexions personnelles.

Lys du Dragon : Comme son nom l'indique, le lys du dragon est étroitement lié à l'énergie mystique du Dragon. Cette fleur audacieuse et exotique symbolise le pouvoir, la transformation et la résilience. Elle rappelle aux Dragons leur capacité d'adaptation et leur force face aux défis. Le lys du dragon incarne le renouveau, encourageant les Dragons à embrasser le changement comme une opportunité de croissance et de succès.

Directions Porte-Bonheur pour le Dragon

Dans l'astrologie chinoise, les directions influencent la chance d'une personne en alignant son énergie avec le flux positif du qi. Pour le Dragon, les directions les plus favorables sont l'est, le nord et le nord-ouest.

Est : L'est est considéré comme une direction de nouveaux départs et opportunités. Faire face à l'est permet aux Dragons de puiser dans l'énergie du soleil levant, symbolisant la croissance, le renouveau et la poursuite de nouveaux projets. Cette direction est idéale pour les Dragons qui entreprennent de nouvelles initiatives ou souhaitent apporter des idées fraîches dans leur vie.

Nord : Le nord représente la stabilité et la protection, des qualités qui aident le Dragon à rester ancré malgré sa nature fougueuse et ambitieuse. Faire face au nord procure un sentiment de calme et de sécurité, aidant les Dragons à relever les défis avec patience et résilience. Cette direction renforce également leur capacité à construire des bases solides pour un succès futur, que ce soit dans leur carrière, leurs relations ou leur développement personnel.

Nord-Ouest : Le nord-ouest est associé au leadership, à l'autorité et à la sagesse. Pour les Dragons, se tourner vers cette direction peut amplifier leurs capacités naturelles de leader et les aider à prendre des décisions stratégiques et réfléchies. C'est une direction qui encourage les Dragons à assumer des rôles de leadership avec confiance et intégrité, guidant les autres grâce à leur vision et leur force.

Saisons porte-bonheur pour le Dragon

Les Dragons sont particulièrement sensibles à l'énergie du printemps et de l'été. Ces saisons résonnent avec leur nature dynamique et puissante, les encourageant à poursuivre leurs objectifs avec passion et vitalité renouvelées.

Printemps : Le printemps représente la croissance, le renouveau et les nouveaux départs. Pour le Dragon, cette saison est une période d'énergie débordante et d'opportunités. C'est le moment idéal pour les Dragons de commencer de nouveaux projets, d'opérer des changements significatifs dans leur vie ou de poursuivre des objectifs ambitieux. L'énergie vibrante du printemps s'aligne avec leur désir de progrès et d'accomplissement, en faisant une période très favorable.

Été : L'été est une saison d'abondance et de chaleur, reflétant la personnalité ardente du Dragon. Pendant cette période, les Dragons se sentent souvent plus confiants et motivés, ce qui leur permet d'exceller dans leurs projets. L'été apporte également des opportunités sociales, en faisant un moment propice pour renforcer les relations, élargir leur réseau et profiter des fruits de leur travail.

Animaux porte-bonheur pour le Dragon
Certains animaux sont considérés comme des compagnons chanceux pour le Dragon, offrant protection, guidance ou signification symbolique. Le coq et le singe sont deux animaux qui apportent chance et harmonie au Dragon.

Coq : Le coq symbolise la confiance, la ponctualité et la diligence, des qualités qui complètent les capacités de leadership du Dragon. Les coqs sont connus pour leur travail acharné et leur souci du détail, aidant les Dragons à rester concentrés et disciplinés dans leurs efforts. L'énergie du coq encourage les Dragons à agir de manière décisive et à rester engagés envers leurs objectifs, garantissant ainsi leur succès.

Singe : Le singe est associé à l'intelligence, à l'esprit vif et à l'adaptabilité. Les singes apportent une énergie ludique et créative qui aide les Dragons à penser de manière innovante et à résoudre des problèmes avec ingéniosité. Le singe représente également la débrouillardise, ce qui peut aider les Dragons à naviguer dans des situations complexes et à surmonter les défis avec aisance. L'intelligence du singe complète la puissance naturelle du Dragon, créant un partenariat dynamique et fructueux.

Les symboles porte-bonheur du Dragon en astrologie chinoise offrent un aperçu des éléments qui peuvent améliorer leur fortune et leur réussite. Des chiffres et couleurs chanceux aux fleurs et animaux de bon augure, ces symboles aident les Dragons à canaliser l'énergie positive et à maximiser leur potentiel. En s'alignant avec ces symboles, les Dragons peuvent exploiter leurs forces naturelles tout en maintenant un équilibre dans leur vie. Que ce soit à travers la poursuite de nouvelles opportunités, le renforcement des relations ou l'acceptation de leur croissance personnelle, ces symboles offrent aux Dragons les outils nécessaires pour prospérer.

Les Jours Chanceux du Mois pour le Dragon

Nés sous un signe associé à la force et à l'ambition, les individus ayant des traits du Dragon poursuivent souvent le succès et l'épanouissement. Cette quête d'accomplissement peut être renforcée en comprenant le rôle des jours chanceux dans leur calendrier mensuel. Chaque mois apporte des jours spécifiques où les talents naturels et l'énergie du Dragon s'harmonisent avec l'univers, créant des opportunités de croissance, de prospérité et de bonheur.

Comprendre les Jours Chanceux en Astrologie Chinoise

En astrologie chinoise, les jours chanceux sont liés au calendrier lunaire et aux Cinq Éléments (Bois, Feu, Terre, Métal et

Eau), qui influencent l'énergie globale d'une période donnée. Pour le Dragon, ces jours offrent une occasion d'exploiter les forces cosmiques et de les canaliser dans des entreprises personnelles ou professionnelles. Les Chinois croient qu'en alignant leurs actions sur des jours propices, les individus peuvent maximiser leur potentiel et assurer des résultats favorables dans leur vie quotidienne.

Choisir des Jours Chanceux Basés sur le Calendrier Lunaire

Les jours chanceux sont calculés en fonction des interactions entre le signe du Dragon, le calendrier lunaire et l'élément gouvernant de l'année. Ces jours sont perçus comme des fenêtres d'opportunité où l'énergie du Dragon est naturellement amplifiée. Pendant ces jours, les Dragons devraient prendre des mesures proactives pour atteindre leurs objectifs, que ce soit dans leurs relations, leur carrière ou leur développement personnel.

Ces jours sont identifiés en considérant des caractères chinois spécifiques (les Tiges Célestes et les Branches Terrestres) et l'élément associé à la période. Cette méthode complexe de calcul du temps a été perfectionnée au fil des siècles et est conçue pour s'aligner sur les cycles naturels. La clé réside dans la compréhension des jours de chaque mois qui détiennent le potentiel le plus favorable pour le Dragon.

Les Jours Chanceux du Dragon Chaque Mois

Bien que les Dragons soient connus pour leur courage et leur intrépidité, certains jours leur permettent de briller encore davantage. Voici un aperçu de certains des jours les plus chanceux pour le Dragon tout au long des mois, selon les croyances traditionnelles de l'astrologie chinoise :

1er et 8e jours – Ces jours portent une forte énergie de nouveaux départs, idéaux pour lancer des projets ou prendre des décisions importantes. Les compétences en leadership et l'innovation du Dragon s'épanouissent lors de ces journées, en les rendant parfaites pour initier des initiatives.

13e jour – La personnalité dynamique du Dragon fait de ce jour un moment idéal pour les connexions sociales. Les activités de réseautage, les partenariats et la collaboration sont particulièrement favorisées. Le Dragon trouvera plus facile d'influencer les autres et de construire de nouvelles relations.

16e jour – Une journée propice à la réflexion personnelle et à la guérison, où les Dragons peuvent recharger leur force intérieure. Des activités comme la méditation, le yoga ou même le temps passé dans la nature sont bénéfiques pour équilibrer leur énergie souvent intense.

21e jour – C'est une journée remplie d'optimisme et de joie. Les Dragons peuvent utiliser ce jour pour se consacrer à des activités créatives ou inspirer les autres par leur leadership. C'est un moment idéal pour se concentrer sur des objectifs nécessitant créativité et enthousiasme.

26e jour – Les tâches financières et les projets liés aux affaires reçoivent un élan particulier le 26e jour du mois. Les Dragons peuvent prendre des décisions avisées en matière d'investissements, de planification de carrière ou de nouveaux projets. La combinaison de concentration et de détermination mènera à des résultats concrets.

28e Jour – Une Journée Chanceuse pour l'Amour et les Relations

Ce jour est propice à la romance et aux relations, car le charme naturel du Dragon est amplifié. Que ce soit pour renforcer les liens avec un partenaire ou pour explorer de nouvelles relations amoureuses, l'énergie est alignée pour favoriser l'harmonie et la connexion en amour.

Renforcer la Chance lors des Jours Fastes

Dans la culture chinoise, s'engager dans des activités spécifiques lors des jours fastes est censé renforcer encore plus l'énergie positive. Les Dragons peuvent accroître leur chance en combinant leurs talents naturels avec ces moments favorables.

Porter des Couleurs Chanceuses : Des couleurs comme le doré, le rouge et le violet sont considérées comme porte-bonheur pour le Dragon. Les porter lors des jours fastes peut amplifier leur énergie et augmenter les résultats positifs.

S'impliquer dans des Projets Créatifs : Les Dragons sont réputés pour leur créativité et leur passion. Lors de leurs jours chanceux, ils peuvent se consacrer à des activités artistiques ou innover dans leur domaine professionnel, leur permettant de libérer leur potentiel créatif.

Favoriser les Rencontres Sociales : Lors des journées favorables à la communication et aux connexions, les Dragons devraient envisager de contacter leurs amis, de participer à des rassemblements sociaux ou de renforcer leurs réseaux professionnels.

Pratiquer le Feng Shui : Appliquer les principes du Feng Shui à la maison ou sur le lieu de travail peut davantage aligner l'énergie du Dragon avec le cosmos. De simples ajustements, comme placer des symboles porte-bonheur ou réorganiser les meubles, peuvent maximiser le flux positif d'énergie.

Éviter les Jours Défavorables

Tout comme il existe des jours pleins d'opportunités, il existe également des périodes où le Dragon peut rencontrer des défis. Bien que ces jours ne soient pas nécessairement malchanceux, ils nécessitent de la prudence. Lors de ces périodes, il est préférable que les Dragons évitent de prendre des décisions importantes ou de s'engager dans des activités demandant beaucoup d'énergie ou d'investissement émotionnel. Se concentrer sur des tâches de routine et se reposer peut aider à minimiser l'impact de toute énergie négative.

L'interaction entre le calendrier lunaire et les forces élémentaires peut parfois engendrer des jours de tension ou de déséquilibre pour le Dragon. Reconnaître ces périodes et adapter leur comportement en conséquence permettra aux Dragons de maintenir leur stabilité et d'éviter les obstacles inutiles.

Comment le Dragon Peut Utiliser les Jours Chanceux pour sa Croissance Personnelle

Pour les Dragons, les jours chanceux ne se limitent pas à des périodes de réussite matérielle ou professionnelle. Ces moments offrent également des opportunités de croissance personnelle et spirituelle. En utilisant l'énergie de ces jours fastes, les Dragons peuvent approfondir leur conscience de soi, découvrir leur véritable objectif et continuer à évoluer en tant qu'individus.

Réflexion Personnelle : Les Dragons se concentrent souvent sur des accomplissements extérieurs, mais utiliser les jours chanceux pour un travail intérieur et une réflexion peut les aider à aligner leurs actions avec leurs objectifs réels.

Pratiques Spirituelles : Des activités telles que la méditation, l'écriture d'un journal ou se connecter à la nature sont idéales lors des jours chanceux, lorsque les Dragons cherchent à équilibrer leur énergie ardente. La croissance spirituelle mène à une plus grande clarté dans tous les aspects de la vie.

S'Aligner avec le Cosmos pour Réussir

La relation du Dragon avec le calendrier lunaire est un outil puissant pour maximiser son potentiel et surmonter les défis de la vie. En alignant leurs actions avec les jours chanceux de chaque mois, les Dragons peuvent renforcer leurs forces naturelles et apporter une plus grande harmonie dans leur vie. Qu'il s'agisse de se concentrer sur les relations personnelles, les réussites professionnelles ou la croissance spirituelle, ces journées offrent une feuille de route vers le succès et l'épanouissement. En comprenant l'impact du calendrier lunaire et en saisissant ces opportunités, les Dragons peuvent atteindre de nouveaux sommets, réalisant leurs rêves tout en restant fidèles à leurs valeurs fondamentales.

Le Dragon et le Feng Shui

Le Dragon occupe une place immense dans l'astrologie chinoise et le Feng Shui. Considéré comme un symbole de puissance, de protection et de bonne fortune, il est l'un des symboles les plus puissants de la culture chinoise. En Feng Shui, le Dragon est perçu comme un élément essentiel qui canalise le flux d'énergie positive, ou "qi", dans un espace. La présence d'un symbole de Dragon dans une maison ou un lieu de travail est réputée renforcer la prospérité, attirer le succès et offrir une protection contre les énergies négatives.

Le Symbolisme du Dragon en Feng Shui

En Feng Shui, le Dragon représente la force, le courage et la protection. On lui attribue la capacité de commander les éléments et d'équilibrer les énergies. Souvent représenté comme une créature puissante volant parmi les nuages, le Dragon est associé à l'élément eau et est censé apporter abondance et prospérité. Son lien avec l'eau renforce également son association avec le flux de richesse et de succès, en faisant un symbole prisé dans les affaires et la croissance financière.

Les Dragons sont également reconnus pour leur influence protectrice et bienveillante. Placer un symbole de Dragon dans des zones stratégiques d'une maison ou d'un bureau est censé inviter l'énergie positive, repousser les influences nuisibles et créer un environnement propice à la croissance et aux accomplissements. Il est crucial de comprendre comment positionner le Dragon et quels éléments du Feng Shui interagissent avec lui pour bénéficier pleinement de sa présence.

Le Placement du Dragon en Feng Shui

Le placement correct d'un symbole de Dragon est essentiel pour maximiser ses effets bénéfiques. En Feng Shui, l'emplacement d'un objet détermine comment l'énergie circule dans un espace. Pour tirer parti de l'énergie du Dragon en matière de prospérité, de protection et de succès, il doit être placé dans des zones alignées avec ces objectifs.

Secteur Est : L'est représente la direction du Dragon en Feng Shui. Placer une figurine de Dragon dans la partie est de votre maison ou bureau améliore la santé, l'harmonie familiale et la croissance personnelle. Cette zone est associée à l'élément bois, et l'énergie du Dragon complète cet élément, favorisant la vitalité et la force dans l'unité familiale.

Salon : Positionner un Dragon dans le salon, en particulier face à la porte d'entrée principale, est réputé protéger le foyer des influences négatives. La présence du Dragon invite l'énergie positive à entrer tout en offrant une barrière contre les forces nuisibles. Le salon étant également un espace social, il est idéal pour favoriser l'harmonie et le succès dans les relations interpersonnelles.

Bureau : Dans un espace de travail, placer un Dragon sur un bureau ou à un endroit bien en vue symbolise la croissance professionnelle et la réussite. Le Dragon renforce les qualités de leadership et inspire la motivation. Pour les entrepreneurs et les chefs d'entreprise, un symbole de Dragon peut accroître la confiance en soi et attirer richesse et opportunités de succès. Le meilleur endroit pour un Dragon dans un bureau est au nord ou au nord-est, car ces zones correspondent aux secteurs de carrière et de connaissance en Feng Shui.

Près des Points d'Eau : Étant donné que le Dragon est associé à l'eau, placer une figurine de Dragon près d'un point d'eau, comme une fontaine ou un aquarium, amplifie son influence sur la richesse et l'abondance. L'eau symbolise le flux de richesse, et la présence du Dragon peut aider à guider cette énergie dans votre vie. Il est important d'éviter de placer le Dragon dans les salles de bain, car cela pourrait affaiblir son pouvoir.

Face à des Espaces Ouverts : Les Dragons doivent être positionnés face à des espaces ouverts ou des fenêtres pour qu'ils puissent "respirer" librement. Cela permet au Dragon d'attirer l'énergie positive sans obstruction. Les espaces fermés ou encombrés peuvent restreindre le flux d'énergie, réduisant ainsi les effets bénéfiques du Dragon. Assurez-vous que la zone autour du Dragon soit propre, organisée et dégagée pour maintenir un flux harmonieux de qi.

Types de Symboles de Dragon en Feng Shui

En Feng Shui, différents types de symboles de Dragon peuvent être utilisés pour atteindre des objectifs spécifiques. Chaque symbole de Dragon représente un aspect unique de la fortune, et le choix du type de Dragon dépend des résultats que l'on souhaite obtenir.

Dragon Vert : Le Dragon Vert, associé à l'est, symbolise la vitalité, la croissance et la protection. Ce Dragon est idéal pour ceux qui cherchent à améliorer leur santé, l'harmonie familiale et le développement personnel. Placer un Dragon Vert dans le secteur est d'une maison ou d'un bureau peut favoriser le bien-être et la prospérité.

Dragon Doré : Un Dragon Doré symbolise la richesse, le succès et l'abondance. Ce Dragon est souvent placé dans des environnements professionnels ou des zones associées aux activités financières, comme un bureau à domicile ou près d'une caisse enregistreuse dans un magasin. Le Dragon Doré attire des opportunités financières et soutient l'avancement de carrière.

Dragon et Phénix : En Feng Shui, le Dragon et le Phénix sont souvent représentés ensemble comme un symbole d'harmonie conjugale et d'équilibre. Alors que le Dragon représente l'énergie masculine (yang), le Phénix incarne l'énergie féminine (yin). Ensemble, ils symbolisent un équilibre harmonieux entre ces forces, ce qui rend cette combinaison idéale pour les couples cherchant à renforcer leur relation. Placer un Dragon et un Phénix dans la chambre ou dans le secteur sud-ouest, qui gouverne l'amour et les relations, peut améliorer le bonheur conjugal et attirer des opportunités romantiques.

Dragon Tortue : Le Dragon Tortue est une combinaison de deux symboles puissants en Feng Shui : le Dragon, représentant la force et le pouvoir, et la Tortue, symbolisant la longévité et la stabilité. Cette créature est souvent utilisée pour apporter le succès professionnel et la stabilité à long terme. Il est préférable de la placer dans le secteur nord d'une maison ou d'un bureau, associé aux opportunités de carrière.

Les Cinq Éléments et le Dragon en Feng Shui

Le Dragon est profondément lié aux Cinq Éléments en Feng Shui : le Bois, le Feu, la Terre, le Métal et l'Eau. Comprendre comment ces éléments interagissent avec le Dragon peut aider à renforcer son influence.

Élément Bois : Comme le Dragon est associé à l'est et à l'élément bois, placer un Dragon dans un espace en bois ou vert encourage la croissance personnelle, la vitalité et l'harmonie familiale. Le Dragon complète l'élément bois en favorisant la santé et les relations positives.

Élément Feu : La nature ardente du Dragon est liée à l'élément feu, qui symbolise la passion, l'énergie et la transformation. Inclure des couleurs rouges ou flamboyantes dans les espaces où le Dragon est placé peut stimuler la créativité, la motivation et l'ambition.

Élément Terre : La connexion du Dragon à l'élément terre apporte stabilité et sécurité. Placer le Dragon dans des zones associées à l'élément terre, comme le centre ou le sud-ouest d'une maison, favorise l'enracinement et le sentiment d'appartenance. Cela peut également améliorer la chance dans les relations et les affaires familiales.

Élément Métal : L'élément métal est associé à la force, à la concentration et à la clarté. Incorporer des objets en métal ou des couleurs blanches, dorées ou argentées près du symbole du Dragon peut amplifier ses qualités protectrices et aider à manifester le succès, en particulier dans les affaires.

Élément Eau : Comme le Dragon est étroitement associé à l'eau, son placement près de points d'eau, tels que des fontaines ou des aquariums, peut favoriser la richesse et la croissance professionnelle. L'eau, en Feng Shui, symbolise le flux d'énergie et de richesse, et le Dragon peut guider cette énergie efficacement.

Éviter les Mauvais Placements

Bien que le Dragon apporte une énergie puissante, un placement incorrect peut avoir des effets négatifs. Évitez de placer un symbole de Dragon dans des zones représentant des énergies négatives ou destructrices, comme la salle de bain ou les espaces de rangement encombrés. Cela pourrait affaiblir sa force et potentiellement attirer des influences négatives. De plus, les Dragons ne devraient pas être placés dans les chambres à coucher, où leur forte énergie pourrait perturber le repos et la relaxation.

Le Dragon est un symbole puissant en Feng Shui, offrant protection, pouvoir et prospérité. En plaçant stratégiquement des symboles de Dragon dans votre maison ou bureau, vous pouvez inviter l'énergie positive, favoriser la croissance personnelle et attirer le succès. Qu'il s'agisse de choisir des types spécifiques de Dragons, de s'aligner sur des directions favorables ou de comprendre l'interaction des Cinq Éléments, le Dragon reste une figure clé dans la création d'un environnement harmonieux et prospère. Avec un placement réfléchi et un entretien approprié, le Dragon peut apporter équilibre, force et bonne fortune dans votre vie.

La Santé et le Bien-être du Dragon : Équilibrer Vitalité et Repos

Les natifs du signe du Dragon sont souvent ambitieux et pleins de vie, n'hésitant pas à repousser leurs limites pour atteindre leurs objectifs. Cette quête de succès peut parfois les amener à négliger des aspects essentiels de leur bien-être. Bien que le Dragon s'épanouisse dans l'action et la vitalité, il est tout aussi crucial pour eux de trouver un équilibre en intégrant repos et soins personnels dans leur routine. Cet équilibre est essentiel pour maintenir une bonne santé et un bien-être durable.

La Vitalité Naturelle du Dragon

Les Dragons sont souvent perçus comme de véritables forces de la nature. Ils dégagent une confiance en eux et possèdent une présence magnétique qui attire naturellement les autres. Leur vitalité découle de leur besoin inné de relever constamment de nouveaux défis et de vivre des expériences inédites.

En général, les Dragons sont physiquement actifs, mentalement aiguisés et extrêmement motivés, ce qui les pousse souvent à assumer de nombreuses responsabilités à la fois.

Sur le plan de la santé, cette énergie débordante peut être un atout mais aussi un inconvénient. D'un côté, les Dragons sont souvent des individus robustes avec une constitution solide. Leur dynamisme naturel les encourage à rester actifs, à pratiquer des activités physiques et à maintenir un bon niveau de forme. Beaucoup d'entre eux trouvent du plaisir dans les sports, les aventures en plein air ou les défis physiques qui leur permettent d'exprimer leur énergie dynamique. Cette activité physique contribue à leur force et à leur vitalité globale.

D'un autre côté, leur quête incessante de succès et de perfection peut les conduire à l'épuisement. Les Dragons ont tendance à ignorer les signaux de leur corps lorsqu'ils se surmènent, dépassant souvent leurs limites physiques et mentales. Même s'ils ne ressentent pas immédiatement les effets de ce mode de vie, le stress et la fatigue peuvent, avec le temps, affecter leur santé.

Reconnaître l'Importance du Repos

Pour les Dragons, apprendre à se reposer est aussi important que de rester actifs. Bien qu'ils se sentent invincibles, leurs réserves d'énergie ne sont pas illimitées. Négliger de donner au corps et à l'esprit le temps nécessaire pour récupérer peut entraîner des problèmes de santé, à court comme à long terme. L'un des principaux défis des Dragons est de comprendre que le repos n'est pas un signe de faiblesse, mais une composante essentielle pour maintenir leur force et leur endurance.

Le sommeil, par exemple, est l'un des moyens les plus efficaces pour les Dragons de reconstituer leur énergie. Il permet au corps de se réparer, au cerveau de consolider les souvenirs et au système immunitaire de se renforcer. Les Dragons qui privilégient une bonne hygiène de sommeil constatent souvent une amélioration de leurs fonctions cognitives, de leur humeur et de leur santé physique. Ils devraient viser un sommeil de qualité, régulier et sans interruptions pour maximiser ses bienfaits réparateurs.

En plus du sommeil, les Dragons peuvent tirer profit de périodes régulières de relaxation au cours de la journée. Faire de courtes pauses pendant le travail, pratiquer la pleine conscience ou s'engager dans des activités apaisantes comme la méditation ou le yoga peut les aider à gérer leur niveau de stress. Ces pratiques offrent non seulement un repos physique, mais aussi une clarté mentale, essentielle pour les Dragons qui planifient constamment leur prochain mouvement.

Maintenir une Alimentation Équilibrée

La nutrition joue un rôle clé dans le soutien du mode de vie énergique du Dragon. Une alimentation bien équilibrée peut alimenter leurs besoins physiques et mentaux tout en les aidant à éviter les écueils de l'épuisement et de la fatigue.

Les Dragons devraient privilégier des aliments riches en nutriments qui fournissent une énergie durable tout au long de la journée.

Glucides complexes : Les céréales complètes, les légumineuses et les légumes permettent de maintenir des niveaux d'énergie stables, évitant les variations brusques causées par les sucres raffinés.

Protéines maigres : Les sources comme le poisson, le poulet ou les alternatives végétales favorisent la construction et la réparation des muscles, soutenant le mode de vie actif du Dragon.

Graisses saines : Les noix, les graines et les avocats apportent des nutriments essentiels au fonctionnement cérébral et à l'énergie.

L'hydratation est tout aussi importante. Les Dragons, souvent occupés, peuvent oublier de boire suffisamment d'eau, ce qui entraîne déshydratation et fatigue. Maintenir une bonne hydratation favorise l'endurance physique, la clarté mentale et le bien-être général.

Gérer le Stress et l'Équilibre Émotionnel

Les Dragons sont des individus passionnés qui ressentent intensément leurs émotions. Bien qu'ils soient souvent perçus comme forts et composés, ils peuvent lutter contre le stress, l'anxiété ou la frustration, en particulier lorsque les choses ne se déroulent pas comme prévu. Leur nature ambitieuse peut parfois les conduire à l'épuisement émotionnel, surtout s'ils recherchent constamment la perfection.

Pour maintenir un équilibre émotionnel, les Dragons doivent apprendre à gérer efficacement leur stress. L'activité physique peut être un excellent exutoire pour libérer la tension accumulée. Que ce soit par un exercice vigoureux ou des activités en plein air, les Dragons peuvent utiliser leur énergie physique pour traiter leurs émotions et réduire leur stress.

De plus, les Dragons devraient envisager d'intégrer des pratiques de pleine conscience dans leur routine quotidienne. Des techniques comme la méditation, les exercices de respiration profonde ou l'écriture d'un journal peuvent les aider à mieux comprendre leurs émotions, leur permettant de relever les défis avec plus de calme et de concentration. Ces pratiques favorisent également une meilleure connaissance de soi, aidant les Dragons à reconnaître les moments où ils se sentent débordés et où ils doivent ralentir.

Les connexions sociales représentent un autre facteur essentiel pour la santé émotionnelle. Bien que les Dragons préfèrent souvent gérer les choses de manière autonome, ils ne devraient pas sous-estimer l'importance des relations proches. Les amis, la famille et les proches peuvent offrir un soutien émotionnel, des encouragements et une perspective extérieure, aidant les Dragons à traverser les hauts et les bas de la vie.

Trouver l'équilibre entre travail et loisirs

Les Dragons sont réputés pour leur éthique de travail intense. Leur désir de réussir peut les pousser à concentrer toute leur énergie sur leur carrière ou leurs objectifs personnels, souvent au détriment de la détente et des loisirs. Trouver un équilibre sain entre travail et vie personnelle est crucial pour éviter l'épuisement et préserver une bonne santé à long terme.

Intégrer des activités de loisir qui procurent joie et détente est un élément clé de cet équilibre. Les Dragons devraient privilégier des passe-temps et des centres d'intérêt qui leur permettent de se ressourcer et de profiter de la vie en dehors du travail. Qu'il s'agisse de passer du temps dans la nature, de s'adonner à des activités créatives ou de participer à des rassemblements sociaux, ces moments offrent aux Dragons l'opportunité de recharger leurs batteries et de se reconnecter à eux-mêmes.

Apprendre à poser des limites est également important. Les Dragons peuvent être tentés d'en faire trop, mais savoir dire non est une compétence précieuse. En fixant des limites claires concernant leurs engagements professionnels, les Dragons peuvent créer un espace pour le repos et la détente, ce qui, en fin de compte, améliorera leur productivité et leur bien-être général.

Le pouvoir des soins préventifs
Les Dragons peuvent tirer un grand bénéfice des soins de santé préventifs réguliers. Des bilans médicaux, des visites chez le dentiste et des dépistages sont essentiels pour détecter rapidement d'éventuels problèmes de santé. Les Dragons, qui peuvent parfois se sentir invincibles, ont tendance à négliger l'importance de ces mesures de routine. En restant proactifs concernant leur santé, ils peuvent empêcher que des problèmes mineurs ne deviennent des complications majeures.

En plus des soins médicaux traditionnels, les Dragons peuvent explorer des thérapies alternatives comme l'acupuncture, les massages ou les remèdes à base de plantes. Ces pratiques peuvent contribuer à réduire le stress, améliorer la circulation et soutenir leur santé globale. Les soins personnels réguliers, tels que les soins de la peau, l'entretien corporel et les rituels de relaxation, participent également à leur sentiment de bien-être.

Pour les Dragons, maintenir leur santé et leur bien-être repose sur un équilibre entre leur vitalité naturelle et le besoin de repos. Bien qu'ils soient souvent perçus comme des forces de la nature inarrêtables, apprendre à ralentir et à donner la priorité aux soins personnels est la clé de leur succès à long terme. En intégrant le repos, la détente et les soins préventifs à leur routine, les Dragons peuvent continuer à poursuivre leurs objectifs ambitieux tout en conservant la force et l'énergie nécessaires pour s'épanouir. Trouver cet équilibre permet aux Dragons non seulement d'atteindre leurs rêves, mais aussi de profiter d'une vie riche en accomplissements et en bien-être.

Le Dragon au Travail : Forces, Défis et Stratégies de Succès

Le Dragon, l'un des signes les plus puissants et dynamiques du zodiaque chinois, apporte une présence indéniable au milieu professionnel. Connu pour son énergie, son charisme et sa passion, le Dragon se retrouve souvent dans des rôles de leadership ou des positions où sa vision audacieuse peut briller. Cependant, sa personnalité intense peut également poser des défis qui nécessitent une navigation attentive.

Les Forces du Dragon au Travail

Leadership et Vision

Les Dragons sont des leaders nés. Leur présence imposante attire naturellement les autres, ce qui les rend très efficaces dans des rôles de direction. Avec leur vision stratégique, ils sont capables de voir le tableau d'ensemble et d'inspirer les autres à suivre leur exemple. Que ce soit pour diriger une équipe ou gérer leur propre entreprise, les Dragons prospèrent dans des environnements où ils peuvent orienter les efforts vers des objectifs ambitieux. Leur capacité à penser stratégiquement et à générer des solutions innovantes les rend précieux dans les postes décisionnels.

Confiance et Charisme

Les Dragons rayonnent de confiance, et leur nature charismatique les distingue dans n'importe quel contexte. Leur personnalité magnétique leur permet de tisser des relations professionnelles solides, ce qui fait d'eux d'excellents réseaux sociaux. Ils excellent à établir des connexions, séduire des clients, diriger des présentations avec assurance, et motiver leurs collègues à atteindre des objectifs communs.

Énergie et Détermination

Les Dragons sont réputés pour leur énergie inépuisable. Ils prospèrent dans des environnements rapides qui défient leurs capacités et les poussent à se dépasser. Une fois qu'ils ont fixé un objectif, leur détermination est inébranlable. Ils ne se laissent pas facilement décourager par les revers et sont toujours prêts à relever de nouveaux défis avec enthousiasme. Leur persévérance et leur dynamisme les aident à surmonter des projets complexes et des circonstances difficiles.

Créativité et Innovation

L'inclination naturelle des Dragons pour la créativité est un autre atout dans le milieu professionnel. Ils regorgent souvent d'idées et s'épanouissent lorsqu'on leur permet de sortir des sentiers battus. Leur nature innovante les pousse à explorer de nouvelles approches pour résoudre des problèmes et à accueillir le changement. Visionnaires et souvent en avance sur leur temps, les Dragons sont des atouts précieux dans les industries nécessitant des perspectives fraîches et une prise de risques calculée.

Les Défis que les Dragons Rencontrent au Travail

Impatience et Agitation

Malgré leurs nombreuses forces, les Dragons peuvent parfois avoir du mal avec l'impatience. Ils agissent rapidement et s'attendent à des résultats tout aussi rapides. Lorsque les progrès stagnent ou que leurs collègues ne partagent pas leur sens de l'urgence, ils risquent de se frustrer. Cette impatience peut conduire à une agitation qui les pousse à entamer de nouveaux projets avant de terminer ceux en cours. Apprendre à tempérer cette impatience et à se concentrer sur une vision à long terme est essentiel pour eux.

Dominance et Contrôle

Les Dragons aiment être en contrôle, ce qui peut parfois provoquer des frictions avec leurs collègues ou leurs supérieurs. Leur désir de diriger et d'orienter les projets peut être perçu comme autoritaire, notamment dans les travaux d'équipe. Ils ont parfois du mal à déléguer des tâches ou à faire confiance aux autres pour gérer certaines responsabilités, préférant tout prendre en main. Cette tendance peut les mener à un surmenage ou à l'épuisement s'ils n'apprennent pas à équilibrer leur rôle de leader avec la collaboration.

Perfectionnisme et Attentes Élevées

Les Dragons ont des normes élevées pour eux-mêmes et pour les autres. Bien que cette quête d'excellence puisse conduire à des réalisations exceptionnelles, elle peut également être source de stress. Leur perfectionnisme peut les rendre excessivement critiques envers eux-mêmes ou leurs collègues, ce qui peut créer des tensions sur le lieu de travail. De plus, leurs attentes ambitieuses peuvent parfois générer un environnement où leurs pairs se sentent dépassés ou incapables de répondre à ces exigences.

Intensité Émotionnelle

Bien que les Dragons soient souvent perçus comme confiants et sûrs d'eux, ils peuvent également être émotionnellement intenses. Ils s'investissent profondément dans leur travail et prennent souvent les résultats à cœur. Lorsque les choses ne se déroulent pas comme prévu, ils peuvent réagir avec des émotions fortes, allant de la colère à la déception. Cette intensité émotionnelle peut affecter leur capacité à maintenir un comportement professionnel et entraîner des tensions dans leurs relations avec leurs collègues.

Stratégies de Réussite pour les Dragons au Travail

Développer la Patience et une Vision à Long Terme

L'un des moyens les plus efficaces pour les Dragons de contrer leur impatience est de cultiver la patience et d'adopter une perspective à long terme. Bien qu'ils aient tendance à rechercher des résultats immédiats, se concentrer sur des progrès réguliers et durables peut mener à des réalisations plus significatives. Les Dragons tirent parti de la décomposition de grands objectifs en étapes gérables et de la célébration des petites victoires tout au long du parcours. Cette approche les aide à maintenir leur élan sans s'épuiser.

Adopter la Collaboration et Faire Confiance aux Autres

Bien que les Dragons excellent dans des rôles de leadership, apprendre à collaborer efficacement est essentiel pour leur succès. En déléguant des tâches et en faisant confiance à leurs coéquipiers, les Dragons peuvent favoriser un environnement de travail plus harmonieux et réduire la pression qu'ils s'imposent. Encourager une communication ouverte et écouter les points de vue des autres peut également aider les Dragons à renforcer leurs relations professionnelles et à rendre leurs équipes plus soudées.

Pratiquer la Résilience Émotionnelle

L'intelligence émotionnelle est un domaine dans lequel les Dragons peuvent encore développer leurs points forts. En prenant davantage conscience de leurs déclencheurs émotionnels, les Dragons peuvent pratiquer la régulation émotionnelle et conserver leur calme dans des situations de forte pression. Des pratiques de pleine conscience telles que la méditation ou l'écriture dans un journal peuvent aider les Dragons à traiter leurs émotions de manière saine, leur permettant de répondre plutôt que de réagir dans des moments stressants.

Fixer des Attentes Réalistes

Bien que les normes élevées des Dragons soient souvent une source d'excellence, il est essentiel de fixer des attentes réalistes pour eux-mêmes et pour les autres. En reconnaissant que la perfection n'est pas toujours atteignable, les Dragons peuvent réduire la pression qu'ils s'imposent et celle qu'ils imposent à leurs collègues. Viser le progrès plutôt que la perfection permet aux Dragons d'atteindre leurs objectifs sans être accablés par le stress.

Équilibrer l'Ambition avec le Soin de Soi

Les Dragons sont connus pour leur éthique de travail infatigable, mais ils doivent se rappeler de prioriser le soin de soi afin d'éviter l'épuisement. Intégrer des pauses régulières, de l'exercice et des moments de détente dans leur routine peut aider les Dragons à maintenir leur vitalité et leur concentration. Reconnaître quand ils ont besoin de prendre du recul et de se ressourcer est crucial pour préserver leur énergie sur le long terme.

La présence des Dragons dans le milieu de travail est indéniable, mettant en avant le leadership, la créativité et l'innovation. Leurs forces en tant que visionnaires et motivateurs en font des agents de changement puissants, tandis que leurs défis – comme l'impatience et l'intensité émotionnelle – peuvent être gérés grâce à la prise de conscience et à la croissance personnelle. En adoptant des stratégies qui favorisent la collaboration, la résilience émotionnelle et le soin de soi, les Dragons peuvent libérer tout leur potentiel et atteindre un succès durable dans leur vie professionnelle. Par leur mélange unique de passion, de détermination et de charisme, les Dragons inspirent ceux qui les entourent et laissent une empreinte durable dans tout milieu professionnel qu'ils rejoignent.

Le Dragon et la Richesse : Traits Financiers et Prospérité

Les Dragons sont connus pour leur nature confiante, leurs capacités de leadership et leurs personnalités dynamiques, des qualités qui peuvent influencer de manière significative leur prospérité financière. Leur relation avec la richesse est souvent marquée par l'audace et la prise de risques, des traits qui peuvent conduire à un immense succès lorsqu'ils sont gérés efficacement.

Traits Financiers du Dragon

Ambition et Détermination

Les Dragons sont naturellement ambitieux et possèdent une volonté inébranlable de réaliser leurs objectifs. Ils ne se contentent pas de la médiocrité et cherchent constamment à atteindre le sommet de leur domaine de prédilection. Cette ambition se traduit souvent par un succès financier, car les Dragons sont prêts à travailler dur et à saisir des opportunités promettant des récompenses substantielles. Ils n'ont pas peur de se fixer des objectifs financiers élevés et sont déterminés à les atteindre, quels que soient les défis qu'ils rencontrent.

Prise de Risques et Décisions Audacieuses

L'une des caractéristiques marquantes du Dragon est sa volonté de prendre des risques. Peu intimidés par l'incertitude, ils sont souvent attirés par des aventures financières audacieuses offrant un fort potentiel de rendement. Qu'il s'agisse d'investir dans de nouvelles idées d'affaires, d'explorer des stratégies financières non conventionnelles ou d'entrer sur des marchés compétitifs, les Dragons excellent dans les situations nécessitant courage et confiance. Cette intrépidité peut mener à des gains financiers impressionnants, en particulier dans les domaines entrepreneuriaux.

Leadership et Innovation

Les Dragons sont des leaders naturels, ce qui les pousse souvent à occuper des postes de direction dans leur carrière. Leur capacité à inspirer et motiver les autres les rend efficaces dans la gestion d'entreprises, la direction d'équipes ou la conduite de projets innovants. Sur le plan financier, les Dragons sont souvent des pionniers, introduisant de nouvelles idées ou stratégies qui défient les normes traditionnelles. Leur pensée innovante leur permet d'identifier des opportunités que d'autres pourraient négliger, ce qui fait d'eux des investisseurs et chefs d'entreprise prospères.

Charisme et Réseautage

Les Dragons possèdent un charme magnétique qui attire les gens à eux. Leur charisme fait d'eux des experts en réseautage, un atout précieux dans le monde de la finance et des affaires. Ils sont capables de nouer des relations solides avec des parties prenantes clés, des partenaires commerciaux aux investisseurs potentiels. Ces connexions ouvrent souvent la voie à des opportunités lucratives et offrent aux Dragons le soutien nécessaire pour atteindre leurs objectifs financiers. Ils comprennent l'importance de tirer parti de leurs réseaux sociaux pour accroître leur richesse et leur influence.

Optimisme et Confiance

L'optimisme inné et la confiance des Dragons sont des moteurs clés de leur succès financier. Ils croient en leur capacité à atteindre la grandeur et ne se laissent pas facilement décourager par les revers. Cet état d'esprit positif leur permet d'aller de l'avant, même face à des défis financiers. Leur confiance en leurs propres capacités les pousse à prendre des décisions financières audacieuses et à faire confiance à leur instinct lorsqu'ils naviguent dans les complexités de la gestion de la richesse.

Défis que les Dragons Rencontrent dans la Gestion de Leur Richesse

Impulsivité

Bien que les Dragons soient des décideurs audacieux, leur nature impulsive peut parfois les conduire à des erreurs financières. Leur tendance à agir rapidement et à prendre des risques sans évaluer en profondeur les conséquences potentielles peut entraîner des pertes ou des opportunités manquées. Les Dragons peuvent être tentés d'investir dans des projets à haut risque ou de dépenser impulsivement pour des articles de luxe, ce qui peut compromettre leur stabilité financière à long terme. Pour éviter ces écueils, les Dragons doivent pratiquer la discipline et adopter une approche plus réfléchie dans leurs décisions financières.

Excès de Confiance

La confiance des Dragons peut être une arme à double tranchant dans la gestion de leur richesse. Bien que leur assurance les pousse vers le succès, elle peut également les mener à un excès de confiance dans leurs décisions financières. Ils peuvent sous-estimer les risques ou surestimer leur capacité à contrôler les résultats, ce qui peut entraîner des revers financiers. Les Dragons bénéficient de l'avis de conseillers financiers ou de mentors de confiance pour s'assurer qu'ils prennent des décisions éclairées et évitent de trop se reposer sur leur propre jugement.

Désir de luxe

Les Dragons ont un goût prononcé pour les belles choses de la vie, et leur désir de luxe peut parfois les mener à des dépenses excessives. Bien qu'ils apprécient les fruits de leur travail, ils doivent veiller à trouver un équilibre entre profiter de leur richesse et la préserver pour l'avenir. Les Dragons pourraient devoir exercer une certaine retenue dans leurs habitudes de dépense, notamment lorsqu'il s'agit d'achats somptueux qui n'apportent pas de croissance financière à long terme. En donnant la priorité aux investissements et à l'épargne, les Dragons peuvent s'assurer que leur prospérité reste durable.

Agitation et ennui
Les Dragons débordent d'énergie et s'épanouissent dans l'excitation. Ils peuvent rapidement se lasser des stratégies financières stables qui offrent une croissance lente mais régulière. Cette agitation peut les pousser à entreprendre des projets à haut risque ou à modifier fréquemment leurs portefeuilles d'investissements, risquant ainsi de perturber leurs progrès financiers. Pour contrer cela, les Dragons gagneraient à cultiver la patience et à comprendre que la croissance lente et régulière peut être tout aussi gratifiante qu'un succès financier rapide.

Stratégies pour réussir financièrement

Diversification et investissements stratégiques
Pour gérer efficacement leur richesse, les Dragons devraient se concentrer sur la diversification de leurs investissements. Bien

qu'ils soient attirés par des opportunités à haut risque et à forte récompense, équilibrer ces projets avec des investissements plus conservateurs peut offrir une stabilité et protéger contre d'éventuelles pertes. Les Dragons bénéficient de la collaboration avec des conseillers financiers qui peuvent les guider dans la création d'un portefeuille bien équilibré comprenant des actions, des obligations, de l'immobilier et d'autres actifs offrant une croissance à long terme.

Planification financière et fixation d'objectifs

Les Dragons, motivés par leur nature ambitieuse, doivent impérativement définir des objectifs financiers clairs. En établissant des objectifs à court et à long terme, les Dragons peuvent garder le cap et s'assurer que leurs décisions financières s'alignent sur leur vision globale. Qu'il s'agisse d'épargner pour la retraite, d'investir dans une nouvelle entreprise ou d'acheter une maison de luxe, un plan financier clair aide les Dragons à rester concentrés et à faire des choix éclairés qui contribuent à leur succès.

Construire un réseau de soutien

Même si les Dragons ont confiance en leurs capacités, ils ne devraient pas hésiter à demander conseil et à se constituer un solide réseau de soutien financier. S'entourer de professionnels financiers, de mentors et de conseillers de confiance peut offrir aux Dragons des perspectives et des orientations précieuses. Ce réseau peut les aider à prendre des décisions plus éclairées, à naviguer dans des situations financières complexes et à éviter les pièges potentiels qui pourraient compromettre leur prospérité.

Équilibrer audace et prudence

Bien que les Dragons excellent dans la prise de risques, ils doivent apprendre à équilibrer leur audace par une certaine prudence. Prendre des risques calculés, plutôt qu'impulsifs, peut aider les Dragons à protéger leur richesse tout en poursuivant des opportunités passionnantes. En effectuant des recherches approfondies sur les investissements potentiels et en considérant les implications à long terme de leurs décisions financières, les Dragons peuvent réduire les risques et augmenter leurs chances de réussite durable.

Pratiquer la discipline financière

La discipline financière est essentielle à la prospérité à long terme des Dragons. En établissant des budgets, en surveillant leurs dépenses et en priorisant l'épargne, les Dragons peuvent éviter les dépenses excessives et s'assurer que leur richesse continue de croître. Cette discipline inclut également d'éviter les luxes inutiles et de se concentrer sur des investissements qui contribuent à leurs objectifs financiers. Faire preuve de retenue dans les dépenses et s'engager dans un plan d'épargne peut aider les Dragons à atteindre l'indépendance et la sécurité financières.

Le lien des Dragons avec la richesse est marqué par leur ambition, leur confiance et leur désir de réussite. Leurs capacités naturelles de leadership, leur pensée novatrice et leur volonté de prendre des risques en font des candidats idéaux pour la prospérité financière. Bien qu'ils puissent être confrontés à des défis tels que l'impulsivité et un excès de confiance, les Dragons peuvent surmonter ces obstacles en pratiquant la discipline financière, en fixant des objectifs clairs et en bâtissant un réseau de soutien. En équilibrant leur nature audacieuse avec des stratégies financières réfléchies, les Dragons peuvent atteindre une richesse durable et profiter des fruits de leur travail pendant des années. Avec leurs personnalités dynamiques et leur motivation sans faille, les Dragons ont le potentiel d'atteindre des sommets financiers inégalés.

L'Expression Artistique du Dragon : Créativité et Passion

Le Dragon, l'un des signes les plus puissants et respectés du zodiaque chinois, incarne un mélange unique de charisme, de vitalité et d'énergie débordante. Connu pour son audace, le Dragon canalise souvent son feu intérieur dans des projets créatifs, exprimant ses passions de manière dynamique et transformative. Que ce soit à travers les arts visuels, la musique, l'écriture ou la performance, le Dragon possède un don naturel pour l'expression artistique, motivé par son désir de laisser une empreinte durable sur le monde.

La Source du Pouvoir Créatif du Dragon

Au cœur de l'expression artistique du Dragon se trouvent son esprit ardent et sa confiance innée. Les Dragons sont réputés pour leur assurance et n'ont souvent pas peur de se démarquer ou de défier les normes conventionnelles. Cette audace se traduit dans leur art, où ils repoussent les limites, explorent de nouvelles idées et créent des œuvres audacieuses et innovantes. Leur énergie contagieuse et leur capacité à inspirer les autres en font des leaders naturels dans les communautés artistiques.

La créativité du Dragon est également alimentée par sa profonde passion pour la vie. Ils abordent leurs projets artistiques avec enthousiasme et intensité, versant souvent leur cœur et leur âme dans leur travail. Cette passion leur permet d'établir un lien profond avec leur public, car leur expression artistique est authentique et ancrée dans de véritables émotions. Les Dragons ne se contentent pas d'efforts superficiels ou tièdes ; ils cherchent à avoir un impact significatif à travers leur art, visant à susciter de fortes émotions ou à provoquer la réflexion.

Les Dragons sont naturellement attirés par les domaines artistiques qui favorisent l'expression de soi et l'innovation. Que ce soit la peinture, la musique, la danse ou même l'entrepreneuriat dans les industries créatives, ils s'épanouissent dans des environnements qui encouragent l'originalité et offrent des opportunités de mettre en valeur leur individualité. Leur désir d'être vus et reconnus pour leurs talents les pousse à améliorer continuellement leur art et à explorer de nouvelles formes d'expression.

Forces dans le Parcours Artistique du Dragon

Pensée Visionnaire

Les Dragons sont par nature des visionnaires, toujours tournés vers l'avenir et rêvant de ce qui pourrait être. Leur capacité à penser hors des sentiers battus et à imaginer des possibilités que d'autres pourraient négliger leur confère un avantage dans les domaines créatifs. Leur art reflète souvent cette vision avant-gardiste, avec des œuvres qui défient les normes sociales ou explorent des thèmes futuristes. Les Dragons n'ont pas peur d'introduire de nouveaux concepts ou d'expérimenter des méthodes non conventionnelles, ce qui rend leur travail unique dans un paysage artistique saturé.

Charisme et Leadership

Les Dragons possèdent un charisme magnétique qui attire les gens, tant sur le plan personnel que professionnel. Dans le monde artistique, ce charisme leur permet d'établir des connexions avec des publics, des collaborateurs et des mécènes fascinés par leur personnalité dynamique. Les Dragons se retrouvent souvent dans des rôles de leadership au sein de groupes créatifs, qu'il s'agisse de réaliser un film, de diriger une troupe de danse ou d'organiser une exposition d'art. Leur confiance et leur capacité à inspirer les autres les rendent efficaces pour mobiliser des équipes autour d'une vision artistique commune, insufflant vie aux projets avec énergie et enthousiasme.

Passion Inébranlable

La passion est au cœur de tout ce que les Dragons entreprennent, et leurs activités artistiques ne font pas exception. Ils se consacrent pleinement à leur travail, passant souvent d'innombrables heures à perfectionner leur art et à s'assurer que leurs œuvres reflètent leur véritable vision. Cette passion est ce qui pousse les Dragons à continuer à créer, même face à des défis ou des obstacles. Elle leur permet également de produire des œuvres qui résonnent profondément avec les autres, imprégnées d'un sens de l'urgence et de l'intensité que chacun peut ressentir.

Adaptabilité et Croissance

Bien que les Dragons soient connus pour leur volonté et leur détermination, ils font également preuve d'adaptabilité dans leur parcours artistique. Ils comprennent que l'expression artistique est un processus en constante évolution et sont prêts à expérimenter de nouvelles techniques, de nouveaux médiums ou de nouveaux styles pour affiner leurs compétences. Cette ouverture au changement leur permet de grandir en tant qu'artistes et d'éviter la stagnation, garantissant que leur travail reste frais, innovant et pertinent au fil du temps. Ils n'hésitent pas à prendre des risques ou à sortir de leur zone de confort, ce qui mène souvent à des percées passionnantes dans leur art.

Le Dragon, avec son énergie inépuisable et son ambition, est une force créative remarquable. Sa capacité à inspirer, son audace et son dévouement passionné à l'art font de lui un pilier de l'expression artistique. Que ce soit en transformant des idées en œuvres audacieuses ou en défiant les normes avec des concepts visionnaires, le Dragon ne se contente jamais de l'ordinaire.

Défis que les Dragons peuvent rencontrer

Perfectionnisme
L'un des défis que les Dragons peuvent rencontrer dans leurs activités artistiques est leur tendance au perfectionnisme. Bien que leurs normes élevées puissent mener à la création d'œuvres exceptionnelles, elles peuvent également les rendre excessivement critiques envers eux-mêmes ou leurs créations. Les Dragons peuvent avoir du mal à accepter que leur travail ne soit jamais « assez bon », ce qui peut entraîner de la frustration ou des retards dans l'achèvement des projets. Ce perfectionnisme peut également se manifester par une réticence à accepter des critiques constructives, les Dragons pouvant se sentir personnellement attachés à leur travail et résistants aux retours extérieurs.

Agitation et impatience
Les Dragons sont connus pour leur énergie débordante et leur nature ambitieuse, ce qui peut parfois engendrer de l'agitation ou de l'impatience. Dans leur parcours artistique, ils

peuvent se sentir frustrés par la lenteur des progrès, surtout lorsqu'ils travaillent sur des projets à long terme nécessitant patience et persévérance. Ils peuvent être tentés de précipiter certaines étapes du processus créatif ou d'abandonner des projets qui ne produisent pas de résultats immédiats. Cette agitation peut nuire à leur capacité à développer pleinement leurs idées et à produire des œuvres qui atteignent leur plein potentiel.

Équilibre entre indépendance et collaboration

Bien que les Dragons soient farouchement indépendants et attachés à leur liberté créative, ils peuvent rencontrer des difficultés dans les environnements collaboratifs. Leurs fortes personnalités et leur désir de contrôle peuvent parfois entraîner des conflits avec les autres, en particulier s'ils sentent que leur vision est compromise. Les Dragons doivent apprendre à équilibrer leur indépendance avec la nécessité de collaborer, notamment dans des domaines comme le cinéma, le théâtre ou la musique, où le travail d'équipe est essentiel à la réussite du projet.

Surmenage

En raison de leur nature ambitieuse, les Dragons peuvent entreprendre plus de projets créatifs qu'ils ne peuvent en gérer. Leur désir d'exceller dans plusieurs domaines peut entraîner un épuisement ou un manque de concentration, car ils se dispersent sur divers projets. Les Dragons gagneraient à apprendre à prioriser leurs projets et à canaliser leur énergie dans quelques activités clés, plutôt que de chercher à maîtriser toutes les disciplines artistiques à la fois.

Stratégies pour réussir dans la creation

Accepter l'imperfection

Les Dragons peuvent tirer profit de l'acceptation de l'idée que l'art, par nature, n'est pas censé être parfait. Chaque entreprise créative est une expérience d'apprentissage, et même les « défauts » perçus peuvent ajouter du caractère et de l'authenticité à une œuvre d'art. En abandonnant leurs tendances perfectionnistes, les Dragons peuvent se libérer pour prendre plus de risques créatifs et explorer de nouvelles idées sans crainte de l'échec.

Pratiquer la patience

Bien que les Dragons prospèrent grâce à des résultats immédiats, ils doivent apprendre à apprécier la valeur de la patience dans le processus créatif. Certaines des œuvres les plus marquantes demandent du temps pour se développer, et les Dragons peuvent bénéficier du fait de prendre le temps d'explorer pleinement leurs idées avant de les finaliser. Pratiquer la pleine conscience et fixer des échéances réalistes pour leurs projets peut les aider à rester concentrés et à produire des œuvres qui reflètent vraiment leur vision.

Favoriser la collaboration

Bien que les Dragons tiennent à leur indépendance, ils devraient également reconnaître les avantages de la collaboration. Travailler avec d'autres peut offrir de nouvelles perspectives, des idées fraîches et des opportunités de croissance. En apprenant à partager le contrôle créatif et à écouter les contributions des collaborateurs, les Dragons peuvent élever leur travail et réussir dans des entreprises artistiques collectives.

Établir des limites

Pour éviter le surmenage, les Dragons devraient fixer des limites claires quant à leur temps et leur énergie. Se concentrer sur quelques projets clés leur permet de leur consacrer toute leur attention, garantissant ainsi qu'ils produisent leur meilleur travail. En priorisant leurs passions et en apprenant à dire non aux opportunités qui ne s'alignent pas avec leurs objectifs, les Dragons peuvent trouver un meilleur équilibre et une plus grande satisfaction dans leur vie créative.

L'expression artistique des Dragons est nourrie par leur passion, leur vision et leur esprit audacieux. Leur créativité ne connaît pas de limites, et leur capacité à inspirer les autres fait d'eux des leaders naturels dans le monde de l'art. Bien qu'ils puissent rencontrer des défis tels que le perfectionnisme, l'agitation ou le surmenage, les Dragons peuvent atteindre l'épanouissement artistique en acceptant l'imperfection, en pratiquant la patience et en favorisant la collaboration. En canalisant leur énergie dynamique dans des projets ciblés et significatifs, les Dragons peuvent laisser une empreinte durable sur le monde et atteindre la grandeur dans leurs réalisations artistiques. Le feu créatif qui brûle en eux est une force puissante, et lorsqu'il est nourri, il peut mener à des accomplissements extraordinaires dans les arts.

Spiritualité et le Dragon

Le Dragon, symbole de puissance, de chance et de force, occupe une place unique dans l'astrologie chinoise. En tant qu'un des animaux les plus vénérés du zodiaque, le Dragon n'est pas seulement associé à la réussite matérielle et au leadership, mais aussi à une profonde énergie spirituelle. Reconnu pour sa nature dynamique, le Dragon est souvent perçu comme une figure hors du commun, possédant une connexion profonde avec le mystique et l'inconnu. Sa spiritualité est intimement liée à sa personnalité, influençant sa vision de la vie, ses objectifs et ses relations avec l'univers.

Le Dragon comme Symbole Spirituel

Dans la culture chinoise, le Dragon est un symbole puissant et de bon augure, représentant souvent des forces divines et une énergie cosmique. Contrairement aux traditions occidentales où les dragons sont parfois redoutés, le Dragon chinois est révéré comme un être céleste. On dit qu'il contrôle les éléments et qu'il apporte chance, prospérité et protection. Son association étroite avec les cieux et la terre reflète sa connexion aux mondes matériel et spirituel.

Pour les personnes nées sous le signe du Dragon, cette connexion céleste se traduit par un profond sens de la mission et un désir de se connecter à quelque chose de plus grand qu'eux-mêmes. Les Dragons ressentent souvent une attirance pour l'exploration spirituelle, cherchant des réponses aux grandes questions de la vie concernant l'existence, le sens de la vie et les forces invisibles qui régissent l'univers. Leur curiosité naturelle les pousse à explorer diverses traditions et philosophies spirituelles, à la recherche d'idées qui résonnent avec leur nature dynamique.

L'Énergie Spirituelle du Dragon

Les Dragons sont des êtres naturellement puissants, remplis d'une énergie vibrante qui influence tous les aspects de leur vie. Leur énergie spirituelle n'est pas différente : elle est intense, transformative et vaste. Cette énergie se manifeste souvent par une foi inébranlable en leur capacité à atteindre la grandeur et à laisser un impact durable sur le monde. Spirituellement, les Dragons sont attirés par les idées d'autonomisation personnelle, de croissance individuelle et d'illumination. Ils croient au pouvoir de l'individu pour façonner son destin et élever son esprit à des niveaux de conscience supérieurs.

Les Dragons ne se contentent pas de réponses superficielles aux questions spirituelles. Ils recherchent profondeur et signification, explorant souvent des pratiques qui les défient de grandir et d'évoluer. Qu'il s'agisse de méditation, de guérison énergétique ou de l'exploration de traditions anciennes, les Dragons sont naturellement enclins à adopter des pratiques spirituelles qui les aident à exploiter leur pouvoir intérieur et à transformer leur vie.

La Connexion du Dragon aux Cinq Éléments

En astrologie chinoise, chaque signe du zodiaque est influencé par l'un des cinq éléments : Bois, Feu, Terre, Métal et Eau. Pour le Dragon, l'élément auquel il est associé joue un rôle significatif dans la formation de ses tendances spirituelles et dans sa manière de se connecter à l'univers.

Dragon de Bois

L'élément Bois apporte un sens de croissance et d'expansion au chemin spirituel du Dragon. Les Dragons de Bois sont attirés par des philosophies et des pratiques spirituelles mettant l'accent sur l'apprentissage continu et l'amélioration de soi. Ils s'intéressent souvent à la nature et peuvent trouver un épanouissement spirituel dans des activités de plein air, le jardinage ou des pratiques écoresponsables. Ces Dragons cherchent à croître spirituellement en s'alignant sur le monde naturel et les cycles de la vie.

Dragon de Feu

Avec l'élément Feu, l'énergie spirituelle du Dragon est particulièrement intense et transformative. Les Dragons de Feu sont passionnés par leurs croyances et s'engagent avec enthousiasme et dévouement dans des pratiques spirituelles. Leur voyage spirituel implique souvent un désir de changer le monde, que ce soit par l'activisme, le leadership ou l'expression créative. Ils sont attirés par des pratiques qui enflamment leur flamme intérieure, comme le travail de respiration, le yoga kundalini ou les rituels impliquant le pouvoir transformateur du feu.

Dragon de Terre

L'élément Terre ancre l'énergie spirituelle du Dragon, rendant son approche de la spiritualité pratique et ciblée. Les Dragons de Terre sont souvent attirés par des pratiques structurées comme la méditation de pleine conscience, le tai-chi ou des pratiques qui mettent l'accent sur l'équilibre et l'harmonie. Leur chemin spirituel est souvent enraciné dans le monde matériel, car ils cherchent à trouver un sens dans les expériences quotidiennes et à cultiver un sentiment de stabilité et de paix intérieure. Ils explorent également des pratiques liées au corps et à la santé, considérant la spiritualité comme un voyage holistique impliquant l'esprit, le corps et l'âme.

Dragon de Métal

Les Dragons de Métal sont motivés par la clarté, la précision et la force, des qualités qui s'étendent à leurs quêtes spirituelles.

Ils sont souvent attirés par des pratiques exigeant discipline et concentration, comme les arts martiaux, le qigong ou des traditions spirituelles qui mettent l'accent sur la pureté de l'esprit et du but. Ces Dragons peuvent également s'intéresser à des pratiques spirituelles impliquant le raffinement de l'énergie, comme la guérison par les cristaux ou la thérapie par le son. Leur voyage spirituel implique souvent de percer les illusions pour atteindre la vérité et la sagesse.

Dragon d'Eau

L'élément Eau apporte fluidité et intuition au chemin spirituel du Dragon. Les Dragons d'Eau sont profondément en phase avec leurs émotions et leur monde intérieur, ce qui les rend naturellement intuitifs et sensibles aux énergies qui les entourent. Ils sont souvent attirés par des pratiques spirituelles impliquant la fluidité et la réceptivité, comme la méditation, le travail sur les rêves ou des pratiques divinatoires comme le tarot ou l'astrologie. Ces Dragons explorent également le subconscient et s'intéressent aux traditions mystiques ou ésotériques dans leur quête de comprehension spirituelle.

Défis spirituels pour le Dragon

Bien que les Dragons possèdent un immense potentiel spirituel, ils doivent également faire face à des défis qui peuvent entraver leur progression. L'un des principaux obstacles réside dans leur nature volontaire et parfois obstinée. Les Dragons ont souvent un profond sentiment de fierté et peuvent se montrer réticents à accepter les conseils ou les orientations des autres. Cela peut entraîner une stagnation spirituelle s'ils refusent de s'ouvrir à de nouvelles idées ou perspectives. Pour les Dragons, apprendre à embrasser l'humilité et à reconnaître qu'ils font partie de quelque chose de plus grand qu'eux-mêmes peut représenter une étape essentielle sur leur chemin spirituel.

Un autre défi que les Dragons peuvent rencontrer est de trouver un équilibre entre leur nature ambitieuse et le besoin de repos et de réflexion spirituels. Connus pour leur dynamisme et leur détermination, les Dragons ont parfois du mal à ralentir et à écouter leur voix intérieure. Pour s'aligner pleinement avec leur spiritualité, les Dragons doivent apprendre à consacrer du temps à l'introspection et à l'immobilité, permettant ainsi à leur sagesse intérieure de les guider.

Cultiver la croissance spirituelle
Pour nourrir leur côté spirituel, il est essentiel que les Dragons trouvent des pratiques qui résonnent avec leur nature fougueuse et dynamique. Les formes traditionnelles de spiritualité impliquant une méditation profonde ou une contemplation silencieuse peuvent sembler trop passives pour certains Dragons. En revanche, ils peuvent trouver l'épanouissement dans des formes plus actives d'expression spirituelle, comme la méditation en mouvement, la danse extatique ou des rituels impliquant le feu, l'eau ou d'autres éléments.

S'engager dans des activités créatives peut également être un puissant exutoire spirituel pour les Dragons. Que ce soit à travers la peinture, l'écriture, la musique ou la performance, les Dragons peuvent puiser dans leur énergie créative pour exprimer leurs pensées et émotions les plus profondes. Par la créativité, ils peuvent se connecter au divin et vivre une transcendance spirituelle.

Les Dragons tirent également profit de l'exploration de philosophies ou de traditions spirituelles qui mettent l'accent sur l'autonomisation personnelle et la transformation. Des pratiques telles que l'alchimie, le chamanisme ou les enseignements métaphysiques centrés sur la maîtrise de soi et la manifestation des désirs s'accordent parfaitement avec le besoin inné des Dragons de façonner leur propre destin.

La spiritualité du Dragon, en astrologie chinoise, se caractérise par leur profonde connexion aux forces cosmiques, leur désir de croissance personnelle et leur quête incessante de grandeur. Avec leur énergie puissante, les Dragons ont le potentiel de transformer non seulement leur propre vie, mais aussi celle des personnes qui les entourent. En adoptant des pratiques qui correspondent à leur nature dynamique et en explorant les profondeurs de leur monde intérieur, les Dragons peuvent débloquer leur potentiel spirituel et atteindre un épanouissement véritable. Bien que des défis puissent survenir, la force et la détermination du Dragon leur assurent de pouvoir surmonter tout obstacle, émergeant ainsi plus éclairés et spirituellement alignés.

Élever un enfant Dragon : Cultiver un esprit doux et indépendant

Les Dragons possèdent une confiance naturelle et une indépendance qui les distinguent des autres. Élever un enfant Dragon présente une série unique d'opportunités et de défis. Ces enfants sont reconnus pour leurs personnalités dynamiques, leur amour de l'aventure et leur énergie débordante. En même temps, ils ont un côté doux qui aspire à l'affection et à la compréhension. Cultiver à la fois les aspects indépendants et sensibles de l'esprit d'un enfant Dragon est essentiel pour sa croissance et son épanouissement.

La nature indépendante du Dragon

Les enfants Dragon naissent avec un fort sens de l'indépendance. Dès leur plus jeune âge, ils manifestent le désir de faire les choses par eux-mêmes et de prendre leurs propres décisions. Cette indépendance est une caractéristique clé de leur personnalité, et les parents remarqueront que les enfants Dragon recherchent souvent de nouveaux défis et expériences sans hésitation.

Encourager cette indépendance est important, car cela aide les enfants Dragon à développer leur confiance en leurs capacités. Les parents devraient leur offrir des opportunités d'explorer et de faire des choix par eux-mêmes. Cela pourrait inclure des tâches adaptées à leur âge, comme choisir leurs vêtements, sélectionner des activités ou participer aux tâches ménagères. Ce soutien permet aux enfants Dragon de devenir des individus autonomes qui n'ont pas peur de prendre des initiatives.

En parallèle, il est crucial d'établir des limites pour garantir leur sécurité et leur offrir une structure. Les enfants Dragon peuvent parfois être impulsifs, motivés par leur désir de découvrir de nouvelles choses. Bien qu'il soit important de leur laisser la liberté d'explorer, les parents devraient les guider vers des choix sûrs et responsables. En fixant des attentes claires et en leur enseignant l'importance de réfléchir aux conséquences, ils apprendront à équilibrer leur esprit aventureux avec un sens des responsabilités.

Équilibrer leadership et humilité

Le leadership vient naturellement aux enfants Dragon. Leur personnalité audacieuse et leur forte présence les placent souvent au centre de l'attention, et ils assument spontanément des rôles de leadership dans des contextes sociaux, que ce soit à l'école ou pendant les jeux. Les parents peuvent favoriser ces compétences en leadership en encourageant leur enfant Dragon à assumer des responsabilités, comme diriger des activités de groupe ou aider les autres.

Bien que ces qualités de leader soient admirables, il est tout aussi important de leur apprendre la valeur de l'humilité. Ils peuvent parfois devenir trop confiants ou autoritaires, ce qui peut entraîner des conflits avec leurs pairs. Les parents peuvent les aider en encourageant l'empathie et la coopération, en leur rappelant qu'un véritable leader doit écouter et tenir compte des besoins des autres. Les activités favorisant le travail d'équipe, comme les sports collectifs ou les projets collaboratifs, peuvent enseigner aux enfants Dragon à travailler harmonieusement avec les autres tout en exploitant leur potentiel de leadership.

Cultiver le côté doux du Dragon

Malgré leur nature forte et indépendante, les enfants Dragon ont un côté tendre et sensible qui s'épanouit dans l'amour et le soutien. Même s'ils paraissent confiants et intrépides, ce sont encore des enfants qui ont besoin de réconfort, d'affection et de connexion émotionnelle. Les parents doivent veiller à créer un environnement chaleureux où leur enfant Dragon se sent en sécurité pour exprimer ses émotions.

Les enfants Dragon ne recherchent pas toujours ouvertement du réconfort, mais ils apprécient profondément que leurs besoins émotionnels soient comblés. Leur offrir des paroles d'encouragement, passer du temps de qualité ensemble et leur montrer de l'affection physique peuvent renforcer le lien parent-enfant. Ce soutien émotionnel permet à l'enfant Dragon de développer un sentiment sain de sécurité et de confiance dans ses relations.

Il est également important d'enseigner aux enfants Dragon comment gérer leurs émotions. Leur passion et leur intensité peuvent parfois les amener à ressentir de la frustration ou de la déception, notamment lorsque les choses ne se déroulent pas comme prévu. Les aider à développer des stratégies d'adaptation, comme la respiration profonde ou l'expression de leurs sentiments, leur donnera les outils nécessaires pour gérer des émotions difficiles. Encourager une communication ouverte et valider leurs sentiments les aidera à comprendre qu'il est normal de ressentir de la vulnérabilité et de chercher du soutien en cas de besoin.

Encourager la créativité et l'imagination
Les enfants Dragon sont souvent très créatifs et imaginatifs. Leur esprit est rempli de grandes idées et de rêves, et ils adorent

s'exprimer de manière unique et innovante. Les parents devraient nourrir cette créativité en leur offrant des opportunités de jeux artistiques et imaginatifs. Que ce soit à travers le dessin, les récits, les constructions avec des blocs ou le jeu de rôle, ces activités permettent aux enfants Dragon d'explorer leur créativité et de développer des compétences en résolution de problèmes.

Les parents peuvent également encourager leur enfant Dragon à poursuivre des passe-temps ou des activités qui correspondent à leurs centres d'intérêt. Par exemple, si l'enfant montre un intérêt pour la musique, l'art ou la danse, soutenir ces passions peut l'aider à développer ses talents et à renforcer sa confiance. En même temps, il est important de les encourager à essayer de nouvelles choses et à sortir de leur zone de confort. Cela élargira leurs horizons et les aidera à découvrir de nouveaux talents et intérêts.

Enseigner la Patience et l'Autocontrôle

L'un des défis de l'éducation d'un enfant Dragon est de lui apprendre la patience et l'autocontrôle. Les Dragons sont naturellement énergiques et déterminés, ce qui peut les rendre impatients face à un rythme plus lent. Les parents peuvent aider leur enfant Dragon à développer la patience en intégrant des activités qui nécessitent concentration et attention, comme les puzzles, les jeux de société ou les travaux manuels.

En plus de la patience, l'autocontrôle est une compétence précieuse à enseigner aux enfants Dragons. En raison de leur nature intense et passionnée, ils peuvent parfois agir impulsivement ou réagir de manière excessive dans certaines situations. Leur apprendre à marquer une pause et à réfléchir avant de répondre peut les aider à prendre des décisions plus réfléchies. Les parents peuvent montrer l'exemple en faisant preuve de calme et de patience dans leurs propres actions, illustrant ainsi l'importance de rester posé dans des situations difficiles.

Soutenir la Croissance Académique et Personnelle

Les enfants Dragons excellent souvent dans leurs études, surtout lorsqu'un sujet les passionne. Leur curiosité naturelle et leur détermination en font des apprenants enthousiastes qui assimilent rapidement de nouveaux concepts. Les parents peuvent soutenir leur développement académique en créant un environnement stimulant qui nourrit leur amour de l'apprentissage. Cela peut inclure l'encouragement à la lecture, l'exploration de jeux éducatifs et des discussions sur des sujets d'intérêt.

En même temps, il est essentiel de souligner que la réussite ne se limite pas aux performances académiques. Les enfants Dragons peuvent se mettre beaucoup de pression pour réussir, ce qui peut engendrer du stress ou de la frustration face aux échecs. Les parents doivent leur enseigner que la croissance personnelle et les efforts sont tout aussi importants que les résultats. Célébrer le processus d'apprentissage et les progrès, plutôt que de se concentrer uniquement sur les résultats, aide les enfants Dragons à développer une attitude saine envers le succès et l'échec.

Encourager l'Activité Physique et l'Aventure

Les Dragons débordent d'énergie, et l'activité physique est essentielle à leur bien-être. Les parents devraient encourager leur enfant Dragon à pratiquer régulièrement des exercices physiques, que ce soit à travers des sports, des aventures en plein air ou des jeux récréatifs. Ces activités permettent non seulement d'évacuer l'excès d'énergie, mais aussi de promouvoir la santé physique et la clarté mentale.

Les Dragons s'épanouissent dans l'excitation et l'aventure, donc des activités en plein air comme la randonnée, le vélo ou la natation peuvent leur offrir la dose de sensations fortes qu'ils recherchent tout en restant actifs. Les parents peuvent également initier leur enfant Dragon à des activités qui défient leurs capacités physiques, comme les arts martiaux ou la gymnastique, où ils peuvent apprendre la discipline, la concentration et l'autocontrôle.

Élever un enfant Dragon nécessite un équilibre attentif entre nourrir leur esprit indépendant et leur offrir un soutien émotionnel. Ces enfants débordent de vie, de créativité et d'ambition, et avec les conseils appropriés, ils peuvent devenir des individus confiants, compatissants et capables. En encourageant l'indépendance, en enseignant l'humilité, en nourrissant la créativité et en offrant une réassurance émotionnelle, les parents peuvent aider leur enfant Dragon à s'épanouir dans tous les aspects de la vie. La clé pour élever un enfant Dragon est d'embrasser à la fois leur nature fougueuse et leur côté tendre, afin de leur permettre de devenir des individus équilibrés, prêts à affronter le monde avec confiance et bienveillance.

La Relation du Dragon avec sa Famille

Les personnes nées sous le signe du Dragon sont souvent décrites comme dynamiques, indépendantes et animées par l'ambition. Leur personnalité flamboyante se reflète dans tous les aspects de leur vie, y compris leurs relations familiales. La relation du Dragon avec sa famille peut être complexe, car ils équilibrent leur fort désir d'indépendance avec le profond respect qu'ils ont pour leurs proches.

Le Dragon en Tant que Parent

En tant que parent, le Dragon joue souvent le rôle de leader au sein de la cellule familiale. Sa confiance naturelle et son assertivité lui confèrent une présence imposante que les enfants ont tendance à respecter et admirer. Les Dragons sont connus pour leurs instincts protecteurs, qui se traduisent par le désir de donner à leurs enfants toutes les opportunités de réussir dans la vie. Ils cherchent à inculquer des valeurs d'ambition, de travail acharné et d'indépendance à leur progéniture.

Les parents Dragons ont tendance à fixer des attentes élevées pour leurs enfants, car ils sont eux-mêmes souvent orientés vers des objectifs et motivés par la réussite. Ils encouragent leurs enfants à viser haut, les soutenant dans leurs efforts avec enthousiasme et passion. Cependant, les parents Dragons peuvent aussi se montrer exigeants, s'attendant à de la discipline et du dévouement en retour. Bien que cela puisse motiver les enfants à exceller, cela peut également créer une certaine pression si ce comportement n'est pas équilibré par de la patience et de la compréhension.

Les Dragons ne sont pas uniquement des disciplinaires ; ils sont également créatifs et imaginatifs, ce qui fait d'eux des parents captivants et stimulants. Ils aiment planifier des aventures, encourager l'exploration et apprendre à leurs enfants à être audacieux et intrépides. Leur passion pour la vie est souvent contagieuse, aidant les enfants à développer un sentiment d'émerveillement et de confiance en leurs capacités.

Un défi auquel les Dragons peuvent être confrontés en tant que parents est leur tendance à se concentrer sur leur carrière ou leurs ambitions personnelles. Bien qu'ils tiennent profondément à leur famille, leur fort sens du devoir en dehors de la maison peut parfois les amener à privilégier le travail au détriment du temps passé en famille. Pour maintenir un équilibre sain, les parents Dragons devraient faire un effort conscient pour être présents et impliqués dans la vie de leurs enfants, non seulement dans leurs réussites, mais aussi dans leur développement émotionnel.

Le Dragon en Tant qu'Enfant

En tant qu'enfant, le Dragon est souvent indépendant et déterminé dès son plus jeune âge. Sa confiance naturelle le pousse à chercher son propre chemin, même si cela signifie s'éloigner des traditions ou des attentes familiales. Les enfants Dragons sont curieux, imaginatifs et débordants d'énergie, montrant souvent des qualités de leadership très tôt. Ils sont souvent ceux qui organisent les jeux, dirigent les projets scolaires ou repoussent les limites avec de nouvelles idées.

Bien que les enfants Dragons soient ambitieux et désireux de réussir, ils peuvent résister à l'autorité parentale ou aux règles qu'ils perçoivent comme restrictives. Les Dragons ont un fort désir d'autonomie, ce qui peut parfois créer des tensions dans la relation parent-enfant. Ils peuvent contester les conseils de leurs parents ou choisir de suivre leurs propres intérêts plutôt qu'un chemin traditionnel. Pour les parents d'enfants Dragons, il est essentiel de trouver un équilibre entre leur donner la liberté qu'ils recherchent et leur offrir la structure et le soutien dont ils ont besoin pour s'épanouir.

La communication est essentielle pour entretenir une relation saine avec un enfant Dragon. Ils réagissent bien à la raison et au respect, et ils ont besoin de sentir que leurs opinions et leurs désirs sont entendus. Les parents qui savent engager un dialogue ouvert et respectueux avec leurs enfants Dragons découvriront que ces individus déterminés peuvent devenir des membres de la famille incroyablement loyaux et affectueux.

Le Dragon en Tant que Frère ou Sœur

Dans les relations fraternelles, les Dragons jouent souvent un rôle de leader, devenant naturellement celui qui guide ou protège ses frères et sœurs. Leur personnalité confiante et assertive peut parfois dominer la dynamique entre frères et sœurs, car ils ont souvent des opinions fortes et un sens clair de ce qu'ils croient être juste. Les Dragons sont protecteurs envers leurs frères et sœurs et sont souvent ceux qui prennent leur défense dans des situations difficiles, montrant ainsi leur loyauté et leur amour farouche.

D'un autre côté, les Dragons peuvent également se retrouver en conflit avec leurs frères et sœurs, surtout s'ils sentent que leur autorité est remise en question. Leur désir d'indépendance et de leadership peut créer des tensions, en particulier avec des frères et sœurs ayant des personnalités fortes ou des opinions opposées. Les Dragons peuvent avoir du mal à faire des compromis ou à lâcher prise, ce qui peut entraîner des luttes de pouvoir occasionnelles au sein de la famille.

Maintenir l'harmonie avec les frères et sœurs

Pour préserver l'harmonie avec leurs frères et sœurs, les Dragons doivent apprendre à adopter la coopération et le respect mutuel. Bien qu'ils soient des leaders naturels, ils doivent également reconnaître la valeur de la collaboration et l'importance de laisser aux autres la possibilité de diriger. En cultivant la patience et la compréhension, les Dragons peuvent établir des relations solides et bienveillantes avec leurs frères et sœurs, qui dureront toute une vie.

Valeurs et traditions familiales

Les Dragons sont souvent attirés par les rôles de leader, non seulement dans leur vie professionnelle, mais aussi au sein de la famille. Ils sont fiers de la réputation de leur famille et ont tendance à s'impliquer activement dans la préservation des traditions et le maintien des liens familiaux. Les Dragons attachent une grande importance à la loyauté familiale et se sentent souvent responsables de défendre l'honneur de leur famille. Cela se manifeste par leurs efforts pour s'assurer que leurs enfants, frères, sœurs ou proches suivent un chemin de réussite et contribuent positivement à l'héritage familial.

En même temps, les Dragons accordent une grande valeur à la liberté personnelle et à l'expression de soi, ce qui peut parfois les mettre en désaccord avec des attentes familiales plus traditionnelles. Bien qu'ils respectent l'importance des coutumes familiales, ils cherchent également à forger leur propre identité et peuvent résister aux pressions visant à les conformer. Cette dynamique peut être difficile dans les familles ayant des traditions strictes, mais les Dragons sont capables de trouver un équilibre entre honorer le passé de leur famille et construire leur propre avenir.

L'importance de la connexion émotionnelle

Bien que les Dragons soient connus pour leur audace et leur force, ils possèdent également une facette plus tendre, profondément bienveillante et protectrice envers leurs proches. Leurs liens émotionnels avec les membres de leur famille sont profonds, et ils s'engagent à garantir le bien-être de leur famille. Les Dragons sont souvent ceux qui se démènent pour subvenir aux besoins de leur famille, que ce soit en apportant un soutien financier ou en intervenant en cas de crise.

Cela dit, les Dragons peuvent parfois avoir du mal à exprimer leurs émotions ouvertement. Leur attention portée sur la réussite et les accomplissements extérieurs peut les amener à négliger l'importance de la vulnérabilité émotionnelle et de la connexion. Il est essentiel pour les Dragons de cultiver leurs relations en favorisant une ouverture émotionnelle et en prenant le temps d'avoir des conversations sincères avec leurs proches.

En apprenant à exprimer leurs sentiments et à se connecter sur un plan émotionnel plus profond, les Dragons peuvent renforcer leurs liens familiaux et créer un environnement de confiance et de soutien. Cette connexion émotionnelle est particulièrement importante dans les relations parent-enfant, où les Dragons peuvent montrer à leurs enfants l'importance d'un équilibre entre force et vulnérabilité.

Stratégies pour les Dragons afin de maintenir des relations familiales saines

Pour les Dragons, maintenir une relation saine avec les membres de leur famille nécessite de trouver un équilibre entre leur indépendance naturelle et le besoin de connexion et de collaboration. Voici quelques stratégies que les Dragons peuvent adopter pour renforcer des relations positives avec leur famille :

Prioriser le temps en famille : Bien que les Dragons soient souvent occupés par leurs objectifs personnels et leurs carrières, il est essentiel de consacrer du temps de qualité à la famille. Des réunions familiales régulières, des activités partagées ou simplement passer du temps ensemble peuvent aider à renforcer les liens et à s'assurer que la famille reste une priorité.

Pratiquer l'écoute active : Les Dragons sont confiants dans leurs opinions, mais il est important qu'ils écoutent les perspectives des membres de leur famille. En pratiquant l'écoute active, les Dragons peuvent montrer du respect pour les pensées et les sentiments de leurs proches, créant ainsi une dynamique familiale plus harmonieuse.

Accepter le compromis : Bien que les Dragons préfèrent souvent diriger, ils doivent apprendre la valeur du compromis. Être ouvert à la collaboration et permettre à d'autres de prendre la tête à certains moments peut réduire les tensions et favoriser le respect mutuel au sein de la famille.

Exprimer ses émotions : Les Dragons devraient faire un effort conscient pour se connecter émotionnellement avec leurs proches. Que ce soit par des mots ou des actions, montrer de l'affection et du soin peut approfondir les liens émotionnels et créer un sentiment de confiance et de sécurité au sein de la famille.

Équilibrer l'indépendance et la responsabilité : Bien que les Dragons valorisent leur indépendance, ils reconnaissent également leur responsabilité envers leur famille. En trouvant un équilibre entre la poursuite de leurs ambitions personnelles et l'accomplissement de leurs obligations familiales, les Dragons peuvent créer une vie familiale saine et épanouissante.

La relation des Dragons avec leur famille est définie par un équilibre délicat entre indépendance et loyauté. Bien qu'ils soient déterminés, ambitieux et confiants, les Dragons ont également un profond sens de la responsabilité et de la bienveillance envers leurs proches. En embrassant la connexion émotionnelle, en pratiquant le compromis et en priorisant le temps en famille, les Dragons peuvent créer des relations harmonieuses et bienveillantes qui permettent à eux-mêmes et à leurs proches de s'épanouir. Leur énergie dynamique et leur nature protectrice font d'eux des figures puissantes au sein de la famille, et avec un peu de conscience de soi et d'efforts, les Dragons peuvent maintenir des liens sains et aimants qui durent toute une vie.

La Vie Sociale du Dragon : Charisme, Énergie et Connexion

Le Dragon est connu comme l'un des signes les plus dynamiques, confiants et extravertis. Naturellement magnétique, le Dragon se retrouve souvent au centre de l'attention, et sa vie sociale reflète sa personnalité exubérante et dominante. Charismatiques, les Dragons s'épanouissent dans des environnements où leur énergie, leur charme et leur esprit sont appréciés. Audacieux et confiants, leur présence dans n'importe quel rassemblement social ne passe jamais inaperçue.

Charisme et Popularité : Les Forces Sociales du Dragon

Les Dragons sont des leaders nés, et leur aura puissante attire spontanément les gens. Dans les situations sociales, ils prennent facilement les rênes et se distinguent par leur capacité à divertir, inspirer et motiver les autres. Leur nature charismatique et leur personnalité vive en font le cœur de toute fête ou réunion. Les gens sont séduits par la confiance, la passion et la capacité du Dragon à dynamiser leur entourage.

Leurs interactions sociales sont marquées par leur enthousiasme débordant. Les Dragons aiment partager leurs idées et connaissances, transformant souvent leurs conversations en moments captivants. Dans les groupes, ils dominent fréquemment les discussions, non par arrogance, mais parce qu'ils prennent plaisir à participer à des débats animés. Leur charisme naturel les rend très appréciés, et ils se lient facilement d'amitié.

Les Dragons possèdent également un talent unique pour insuffler de l'énergie positive à ceux qui les entourent. Ils motivent leurs amis et connaissances à poursuivre leurs objectifs et passions. Le Dragon est particulièrement attiré par les individus ambitieux et déterminés, et il soutient volontiers ceux qui partagent sa vision de la vie. Cette influence positive fait de lui un compagnon recherché, souvent entouré d'un large cercle d'admirateurs et d'amis.

L'Indépendance dans les Relations

Même si les Dragons s'épanouissent dans les contextes sociaux, ils tiennent aussi à leur indépendance et leur autonomie. Ils ne sont pas du genre à s'accrocher aux autres ou à dépendre de l'approbation sociale. Bien qu'ils apprécient avoir un cercle social, ils préfèrent garder le contrôle sur leur vie personnelle. Ils définissent souvent les termes de leurs relations, qu'il s'agisse d'amitié ou de romance.

Cette nature indépendante signifie qu'ils ont besoin d'espace pour explorer leurs intérêts et poursuivre leurs ambitions. Ils peuvent s'éloigner temporairement pour se recentrer sur leurs objectifs personnels.

Malgré ce besoin d'autonomie, les Dragons restent loyaux et engagés envers leurs amis les plus proches. Ils valorisent les connexions authentiques et investissent temps et énergie dans des relations basées sur le respect mutuel et la compréhension. Derrière leur personnalité flamboyante, les Dragons sont profondément compatissants et accordent une grande importance à ceux qu'ils aiment. Leur loyauté est inébranlable, et ils feront tout pour soutenir leurs amis dans les moments difficiles.

Défis dans les Interactions Sociales

Bien que les Dragons aient de nombreux atouts en société, leur audace et leur forte personnalité peuvent parfois poser des défis dans leurs relations. Ils peuvent être perçus comme trop dominants, voire intimidants, surtout lorsqu'ils prennent les devants dans un groupe. Leur confiance, bien qu'attirante, peut être mal interprétée comme de l'arrogance ou un manque de sensibilité. Le Dragon peut involontairement éclipser les autres, ce qui peut créer des tensions dans ses relations.

Un autre défi réside dans leur tendance à être directs et francs dans leur communication. Si l'honnêteté est une valeur fondamentale pour les Dragons, leur franchise peut paraître brusque pour les individus plus sensibles. Les Dragons n'hésitent pas à exprimer leurs opinions, même si cela peut froisser quelques susceptibilités. Cette nature franche peut entraîner des malentendus, en particulier avec ceux qui évitent la confrontation.

Enfin, les Dragons ont des attentes élevées envers eux-mêmes et leur entourage. Ils recherchent l'excellence dans tous les domaines de leur vie, y compris leurs relations sociales. Cette quête de perfection peut générer de la frustration s'ils estiment que leurs amis ou partenaires ne répondent pas à leurs attentes. Les Dragons doivent veiller à ne pas se montrer trop critiques ou exigeants, car cela pourrait provoquer des tensions inutiles.

Le rôle du Dragon dans la dynamique de groupe
Dans les contextes de groupe, les Dragons s'élèvent naturellement à des positions de leadership. Leur confiance en eux et leur capacité à penser stratégiquement en font des leaders idéaux, qu'il s'agisse d'organiser un événement, de gérer un projet ou simplement de guider une conversation. Les Dragons ont le don

d'inspirer les autres et d'encourager le travail d'équipe, motivant souvent leur entourage à collaborer pour atteindre un objectif commun.

Les Dragons sont également réputés pour leur générosité dans les interactions sociales. Ils n'hésitent pas à partager leurs ressources, leurs connaissances ou leur temps avec leurs amis et collègues. Qu'il s'agisse de donner des conseils, d'organiser une réunion ou d'aider quelqu'un dans le besoin, les Dragons mettent volontiers leurs efforts au service des autres et souhaitent sincèrement voir leurs amis réussir.

Bien que les Dragons soient des leaders naturels, ils respectent également les personnes ayant des opinions fortes et capables de défendre leurs idées dans une conversation. Ils apprécient d'être mis au défi intellectuellement et accordent de la valeur aux amis sûrs d'eux. Les Dragons aiment les perspectives diverses et s'entourent souvent de personnes capables d'apporter de nouvelles idées. Ils prospèrent dans des environnements intellectuellement stimulants et aiment faire partie d'un groupe qui favorise la croissance et le développement.

Relations amoureuses et liens sociaux
En matière de relations amoureuses, les Dragons apportent le même niveau d'intensité et de passion que dans leurs interactions sociales. Ce sont des partenaires farouchement loyaux, déterminés à faire fonctionner leurs relations. Les Dragons

recherchent des partenaires qui sont également indépendants et confiants, car ils n'apprécient ni l'attachement excessif ni la dépendance dans une relation.

Les Dragons sont attirés par des individus capables de rivaliser avec leur énergie et leur ambition. Ils privilégient les partenaires ambitieux, confiants et autonomes. Bien que les Dragons apprécient le partenariat, ils ont également besoin d'une certaine liberté pour poursuivre leurs objectifs personnels. Ils respectent les partenaires qui comprennent ce besoin d'indépendance et leur offrent l'espace nécessaire.

En amitié, les Dragons sont fiables et solidaires. Ils aiment passer du temps avec des amis qui partagent leur enthousiasme pour la vie et sont toujours prêts pour de nouvelles aventures. Les Dragons ne sont pas des amis passifs : ils s'impliquent activement dans la vie de leurs proches et prennent plaisir à les aider à atteindre leurs objectifs. Qu'il s'agisse de donner des conseils, de réfléchir à des idées ou d'offrir un soutien moral, les Dragons sont toujours là quand on a besoin d'eux.

Équilibrer vie sociale et objectifs personnels

L'un des principaux défis auxquels les Dragons sont confrontés est de trouver un équilibre entre leur vie sociale et leurs ambitions personnelles. Animés par un désir de succès et d'accomplissement, ils se plongent souvent avec intensité dans leur travail ou leurs projets personnels. Bien qu'ils aiment être sociables, ils peuvent parfois négliger leurs amitiés ou leurs relations dans leur quête d'atteindre leurs objectifs.

Il est important pour les Dragons de trouver un équilibre entre leur vie sociale et leur vie professionnelle. Bien que leur ambition soit admirable, ils doivent également nourrir leurs relations pour maintenir une vie sociale saine et épanouissante. Les Dragons peuvent tirer profit de moments de détente et de connexion avec leurs amis, s'assurant ainsi que leurs liens sociaux restent solides même lorsqu'ils poursuivent leurs objectifs individuels.

Une vie sociale dynamique et vibrante

La vie sociale des Dragons est vibrante, dynamique et pleine d'énergie. Avec leur charisme naturel, leurs talents de leader et leur passion pour la vie, les Dragons sont souvent au centre de l'attention dans toute réunion sociale. Leur capacité à se connecter avec les autres, à inspirer leur entourage et à contribuer de manière significative à leurs relations les rend très appréciés en tant qu'amis et partenaires.

Bien que les Dragons puissent rencontrer des défis dans leurs interactions sociales, comme être perçus comme trop dominants ou critiques, leur loyauté, leur générosité et leur engagement envers leurs proches sont des qualités qui définissent leurs relations. En équilibrant leur nature ambitieuse avec leur besoin de connexions significatives, les Dragons peuvent maintenir une vie sociale épanouissante, reflet de leur personnalité vibrante et de leur fort sens de l'identité.

Qu'il s'agisse d'amitiés, de relations amoureuses ou de dynamique de groupe, les Dragons apportent un mélange unique d'énergie, de confiance et de leadership. Leur présence dans n'importe quel contexte social laisse une impression durable, et leur capacité à élever et inspirer leur entourage témoigne de leur personnalité puissante et magnétique.

Le Dragon et la Technologie : Comment les Tendances Modernes Influencent le Dragon

Le Dragon symbolise le pouvoir, l'ambition et l'innovation, des traits qui s'alignent étroitement avec le monde en constante évolution de la technologie moderne. Connu pour sa nature audacieuse, sa rapidité d'esprit et sa capacité à s'adapter aux nouvelles circonstances, le Dragon est particulièrement bien placé pour prospérer dans une ère où le changement constant et l'innovation définissent le progrès.

Les Dragons et la Technologie au Travail

L'énergie dynamique et l'esprit visionnaire du Dragon en font un innovateur naturel dans n'importe quel milieu professionnel. Dans un environnement où la technologie est omniprésente, les Dragons adoptent rapidement de nouveaux outils qui améliorent leur productivité. Leur fort désir de réussir et de diriger les pousse souvent à être à l'avant-garde de l'intégration des technologies de pointe dans leur travail.

Les Dragons excellent dans des industries orientées vers les avancées technologiques, comme l'informatique, le développement de logiciels et l'ingénierie. Ils brillent dans des rôles qui leur permettent de mettre à profit leur créativité et leurs compétences en leadership, en particulier dans les startups technologiques, où l'innovation et la prise de risques sont valorisées. Les Dragons n'hésitent pas à diriger la mise en œuvre de nouvelles technologies, qu'il s'agisse de l'intelligence artificielle, de l'apprentissage automatique ou de la blockchain. Ces outils transformateurs les attirent, car ils repoussent les limites et créent un impact durable.

De plus, les Dragons sont des résolveurs de problèmes par nature. Ils adoptent facilement des technologies qui rationalisent les opérations, améliorent l'efficacité et favorisent le progrès.

Leur capacité à anticiper les tendances technologiques leur permet de s'adapter rapidement et de modifier leurs stratégies en conséquence. Cette approche proactive leur permet de rester en tête de la concurrence et de laisser leur empreinte dans un environnement dominé par la technologie.

La Créativité du Dragon Amplifiée par la Technologie

La créativité est l'une des forces fondamentales du Dragon, et la technologie offre une plateforme idéale pour exprimer ce talent. L'ère numérique a ouvert de nouvelles possibilités d'expression créative, que ce soit à travers le design graphique, la production vidéo, la réalité virtuelle ou la création de contenu sur les réseaux sociaux. Avec leur flair artistique naturel et leurs idées visionnaires, les Dragons sont attirés par les plateformes qui leur permettent de montrer leurs talents à un public mondial.

Les Dragons excellent dans l'utilisation de la technologie pour repousser les limites des formes artistiques traditionnelles. Grâce à des outils comme l'impression 3D, l'illustration numérique et la réalité augmentée, ils peuvent donner vie à leurs idées d'une manière inimaginable il y a encore quelques décennies. Ces technologies s'alignent parfaitement avec le désir du Dragon d'innover et de créer quelque chose de véritablement unique. Pour les Dragons évoluant dans des domaines créatifs, la technologie agit comme un puissant catalyseur d'inspiration et de croissance artistique.

L'essor des médias numériques a également permis aux Dragons d'explorer de nouvelles façons de raconter des histoires. Que ce soit via des applications interactives, des jeux en ligne ou des expériences immersives, les Dragons utilisent la technologie pour créer des récits captivants qui touchent leur public de manière plus profonde. Leur passion pour la créativité, combinée à leur compréhension des technologies émergentes, les positionne comme des pionniers dans le paysage technologique créatif.

Communication et Connexion à l'Ère Numérique

Les Dragons sont réputés pour leur charisme et leur charme, des qualités qui les aident à établir des liens solides avec les autres. À l'ère numérique, la communication est plus dynamique que jamais, avec les réseaux sociaux, la visioconférence et la messagerie instantanée facilitant les échanges à travers le monde. Les Dragons adoptent rapidement ces technologies, les utilisant pour maintenir et élargir leurs réseaux personnels et professionnels.

Les réseaux sociaux, en particulier, offrent aux Dragons une scène idéale pour partager leurs idées, influencer les autres et construire une audience. Leur personnalité audacieuse et leur assurance en font des influenceurs naturels dans l'espace numérique. Ils sont souvent attirés par des plateformes comme

Instagram, YouTube et TikTok, où ils peuvent interagir avec les autres, montrer leurs talents et inspirer leurs abonnés.

Les Dragons apprécient également la façon dont la technologie a simplifié la collaboration à l'échelle mondiale. Qu'ils travaillent sur un projet d'équipe, participent à une conférence en ligne ou échangent des idées avec une équipe à distance, les Dragons exploitent la technologie de communication pour élargir leur portée et se connecter avec des personnes partageant les mêmes idées. Ces outils leur permettent de réseauter à l'échelle mondiale, leur offrant davantage d'opportunités pour partager leur vision et apporter des changements à grande échelle.

Le Rôle de la Technologie dans le Développement Personnel du Dragon

Le développement personnel est une motivation clé pour les Dragons, qui cherchent constamment à s'améliorer. La technologie leur donne accès à une multitude de ressources pour leur épanouissement personnel, comme des cours en ligne, des applications de développement personnel et des programmes de mentorat virtuel. Avec ces outils, les Dragons peuvent continuellement affiner leurs compétences, approfondir leurs connaissances et explorer de nouveaux centres d'intérêt.

Par ailleurs, la montée en popularité des applications de pleine conscience et de bien-être permet aux Dragons de cultiver un équilibre dans leur vie. Avec leur nature énergique et ambitieuse, ils risquent parfois de s'épuiser en entreprenant trop de choses à la fois. La technologie propose des solutions pour les aider à gérer leur énergie, à pratiquer la pleine conscience et à préserver leur bien-être émotionnel.

La Relation du Dragon avec l'Innovation et le Risque

Les Dragons sont naturellement attirés par l'innovation et aiment être à la pointe des nouveaux développements. Leur approche audacieuse de la vie les pousse à prendre des risques et à adopter des technologies perturbatrices, même lorsque d'autres hésitent. Cet état d'esprit fait des Dragons des précurseurs des tendances révolutionnaires, qu'il s'agisse du dernier gadget technologique, d'un logiciel innovant ou des cryptomonnaies.

Les cryptomonnaies et la technologie blockchain, par exemple, suscitent un grand intérêt chez de nombreux Dragons. Ces technologies financières émergentes séduisent leur goût pour l'aventure et leur volonté d'explorer des territoires inconnus. Les Dragons perçoivent le potentiel de ces monnaies numériques à transformer le système financier et se montrent souvent désireux d'investir ou de s'impliquer dans ce secteur.

L'affinité du Dragon pour l'innovation se manifeste également dans son approche de l'entrepreneuriat. De nombreux Dragons sont attirés par la création de leurs propres entreprises technologiques, où ils peuvent prendre des risques créatifs et concrétiser leurs idées visionnaires. Leurs capacités naturelles de leadership, combinées à leur perspective avant-gardiste, leur confèrent un avantage pour relever les défis du monde entrepreneurial.

Défis et Adaptation aux Changements Technologiques

Bien que les Dragons soient généralement bien adaptés à un monde axé sur la technologie, ils peuvent rencontrer des défis face aux changements rapides dans ce domaine. Leur désir de contrôle et de leadership peut parfois entrer en conflit avec la nature imprévisible et rapide des avancées technologiques. Les Dragons pourraient avoir besoin de développer davantage de flexibilité et de patience pour naviguer dans les incertitudes d'un paysage numérique en constante évolution.

Un autre défi auquel les Dragons pourraient faire face est le volume écrasant d'informations et la connectivité permanente qu'apporte la technologie moderne. Bien qu'ils s'épanouissent en restant informés et engagés, ils doivent apprendre à établir des limites pour éviter l'épuisement. Gérer efficacement leur temps et prioriser leur utilisation des technologies peut aider les Dragons à maintenir un équilibre sain entre le travail, la créativité et la détente.

Pour surmonter ces défis, les Dragons peuvent s'appuyer sur leur adaptabilité et leur ingéniosité, des traits qui ont toujours été au cœur de leur succès. En restant ouverts à l'apprentissage de nouvelles compétences et à l'adoption des dernières tendances, ils peuvent continuer à exploiter la technologie de manière à enrichir leur vie et leur carrière.

Une Relation Mutuellement Bénéfique

La relation du Dragon avec la technologie est fondée sur des avantages réciproques. Les tendances technologiques modernes s'alignent sur les forces intrinsèques du Dragon, comme la créativité, l'ambition et le leadership. Au travail, les Dragons excellent dans les industries guidées par l'innovation, utilisant la technologie pour rationaliser les processus et diriger des équipes vers le succès. Leur expression créative est amplifiée par des outils numériques qui leur permettent de repousser les limites et d'explorer de nouvelles possibilités artistiques.

La technologie joue également un rôle clé dans la croissance personnelle et professionnelle des Dragons, en leur offrant des plateformes d'apprentissage, de communication et d'amélioration de soi. En tant qu'adopteurs précoces des tendances émergentes, les Dragons se retrouvent souvent à l'avant-garde de l'innovation, n'ayant pas peur de prendre des risques et d'explorer de nouvelles opportunités. Bien qu'ils puissent être confrontés à des défis liés au rythme rapide des changements technologiques, leur ingéniosité et leur mentalité tournée vers l'avenir leur garantissent de prospérer dans un monde axé sur la technologie.

En adoptant la technologie comme un outil d'autonomisation et de croissance, les Dragons peuvent exploiter pleinement leur potentiel et laisser une empreinte durable sur le monde qui les entoure. Leur relation avec les tendances modernes en matière de technologie témoigne de leur adaptabilité, de leur résilience et de leur esprit visionnaire.

L'Approche du Dragon en Matière d'Éducation : Styles d'Apprentissage et Quêtes Intellectuelles

Ceux qui sont nés sous le signe du Dragon sont des leaders naturels, débordant de confiance et d'énergie, et ces traits se manifestent également dans leur approche de l'éducation et de leurs aspirations intellectuelles. Les Dragons sont animés par une soif de connaissance, un désir de croissance personnelle et une passion pour la créativité. Ils perçoivent l'éducation comme un outil d'émancipation personnelle et l'abordent souvent avec un état d'esprit déterminé et ambitieux.

La curiosité naturelle du Dragon et sa soif de savoir

Les Dragons sont reconnus pour leur curiosité intellectuelle et leur désir constant d'explorer de nouvelles idées et concepts. Leur esprit naturellement inquisitif les pousse à questionner le monde qui les entoure, à chercher des réponses et à trouver des solutions aux problèmes qu'ils rencontrent. Dans un environnement éducatif, les Dragons ne sont que rarement des apprenants passifs : ils interagissent activement avec le contenu, posent des questions, remettent en question les hypothèses et approfondissent les sujets qui suscitent leur intérêt.

Pour les Dragons, apprendre ne se limite pas à assimiler des informations. Il s'agit d'acquérir une compréhension plus profonde du monde et de trouver des moyens d'appliquer ce savoir à leur vie personnelle et professionnelle. Les Dragons sont particulièrement attirés par les disciplines qui leur permettent d'exercer leur créativité et de penser de manière innovante. Qu'il s'agisse de sciences, d'arts ou de commerce, les Dragons excellent lorsqu'ils ont la liberté d'explorer et d'innover.

Dans leurs efforts intellectuels, les Dragons se montrent ambitieux et axés sur les objectifs. Ils ne se contentent pas de la médiocrité et aspirent à l'excellence dans tout ce qu'ils entreprennent. Cette quête de réussite les pousse souvent à travailler dur et à aller au-delà des attentes dans leurs études. Les Dragons n'ont pas peur des défis et sont prêts à s'engager dans des tâches complexes et exigeantes si cela les rapproche de leurs objectifs.

Styles d'apprentissage : indépendance et résolution créative de problèmes

Un des traits clés qui définit l'approche éducative des Dragons est leur indépendance. Ce sont des apprenants motivés qui préfèrent prendre le contrôle de leur propre éducation plutôt que de dépendre des autres pour les guider. Ils apprécient de pouvoir avancer à leur rythme, explorer les sujets qui les intéressent et trouver des solutions créatives aux problèmes. Les Dragons ne sont pas du genre à suivre un processus d'apprentissage rigide ; ils préfèrent une approche plus flexible qui leur permet de s'appuyer sur leur intuition et leur créativité pour trouver la meilleure voie.

Ce style d'apprentissage indépendant convient particulièrement bien aux environnements qui encouragent l'autonomie. Ils s'épanouissent dans des contextes où ils ont la liberté d'explorer leurs idées et de poursuivre leurs passions. Qu'il s'agisse d'une salle de classe traditionnelle ou d'un cadre éducatif moins conventionnel, les Dragons réussissent lorsqu'ils peuvent assumer la responsabilité de leur apprentissage.

Les Dragons possèdent également un talent naturel pour la résolution créative de problèmes. Ils réfléchissent rapidement et trouvent facilement des solutions innovantes à des problèmes complexes. Leur capacité à penser de manière originale leur permet d'aborder les défis sous différents angles et de trouver des réponses que d'autres pourraient négliger. Ce mode de pensée créatif rend les Dragons particulièrement aptes à exceller dans des domaines qui demandent de la réflexion critique et de l'ingéniosité, comme les mathématiques, l'ingénierie et les arts.

Forces intellectuelles : leadership, vision et innovation

L'une des forces intellectuelles les plus remarquables du Dragon est sa capacité à diriger. Ce sont des leaders nés, qui n'hésitent pas à prendre en charge des projets de groupe ou à diriger des discussions en classe. Leur confiance et leur assurance en font des communicateurs efficaces, et ils inspirent souvent leurs pairs à travailler vers un objectif commun.

Les Dragons possèdent également un fort sens de la vision. Ce sont des individus tournés vers l'avenir, toujours à la recherche de moyens pour améliorer et innover. Cette vision prospective les conduit souvent à exceller dans des domaines nécessitant une planification à long terme et une réflexion stratégique, comme les affaires, la technologie ou la politique.

Les Dragons ne se contentent pas du statu quo ; ils cherchent constamment de nouvelles façons de repousser les limites et de créer un changement positif dans les domaines qu'ils choisissent.

L'innovation est une autre force clé des efforts intellectuels des Dragons. Ils n'ont pas peur de remettre en question les méthodes traditionnelles ou de questionner les normes établies. Ils recherchent sans cesse de nouvelles et meilleures façons d'aborder les choses, que ce soit dans leurs études, leur travail ou leur vie personnelle. Cet esprit innovant rend les Dragons particulièrement adaptés à des secteurs nécessitant de la créativité et une pensée originale, tels que l'entrepreneuriat, le design et la recherche scientifique.

Défis dans l'éducation : excès de confiance et impatience
Bien que les Dragons possèdent de nombreuses forces dans leur approche de l'éducation, ils peuvent également rencontrer des défis en cours de route. L'un des plus grands défis auxquels ils font face est l'excès de confiance. Les Dragons sont très sûrs d'eux, et cette confiance peut parfois les amener à croire qu'ils peuvent réussir sans fournir les efforts nécessaires. Dans des contextes éducatifs, cet excès de confiance peut les conduire à sous-estimer la difficulté d'une tâche ou à ne pas se préparer suffisamment pour des examens ou des devoirs.

Pour surmonter ce défi, les Dragons doivent développer un sens de l'humilité et reconnaître que la réussite dans l'éducation demande du travail et de la dévotion. Bien que leurs capacités naturelles et leur intelligence puissent les mener loin, les Dragons doivent être prêts à investir du temps et des efforts pour atteindre leur plein potentiel.

L'impatience est un autre défi auquel les Dragons peuvent être confrontés dans leurs démarches intellectuelles. Les Dragons sont animés par un désir de résultats rapides et peuvent se sentir frustrés lorsqu'ils ne constatent pas de progrès immédiats. Cette impatience peut les amener à précipiter leurs études ou à se décourager lorsqu'ils rencontrent des obstacles.

Pour relever ce défi, les Dragons doivent cultiver la patience et la persévérance. Ils doivent apprendre à apprécier le processus d'apprentissage, en reconnaissant que la maîtrise demande du temps et des efforts. En développant leur résilience et leur capacité à persister face aux défis, les Dragons peuvent atteindre un succès durable dans leurs études.

Stratégies de réussite pour le Dragon en matière d'éducation

Pour exceller dans leurs études, les Dragons peuvent tirer parti de stratégies qui s'alignent avec leurs forces naturelles et prennent en compte leurs défis. Une des stratégies les plus efficaces pour les Dragons est de définir des objectifs clairs et de créer un plan structuré pour les atteindre. Bien que les Dragons apprécient la flexibilité et l'indépendance, avoir une feuille de route pour leurs études peut les aider à rester concentrés et à éviter les distractions.

Les Dragons devraient également rechercher des opportunités de diriger et de collaborer avec les autres. Que ce soit à travers des projets de groupe, des organisations étudiantes ou des activités parascolaires, les Dragons s'épanouissent dans des environnements où ils peuvent assumer des rôles de leadership et inspirer leurs pairs. En s'impliquant activement dans ces opportunités, les Dragons peuvent développer leurs compétences en communication et en travail d'équipe, des atouts précieux tant dans les milieux académiques que professionnels.

Une autre stratégie essentielle pour les Dragons est d'adopter un état d'esprit de croissance. Plutôt que de se décourager face aux échecs ou aux défis, les Dragons devraient voir ces expériences comme des occasions d'apprendre et de s'améliorer. En adoptant une attitude positive envers l'apprentissage et en étant ouverts aux retours constructifs, les Dragons peuvent continuer à développer leurs capacités intellectuelles et atteindre leurs objectifs.

Poursuites intellectuelles : L'amour du Dragon pour l'apprentissage tout au long de la vie

Pour les Dragons, l'éducation ne s'arrête pas à la salle de classe. Ils sont des apprenants à vie, constamment à la recherche de nouvelles connaissances et expériences. Les Dragons sont attirés par les activités intellectuelles qui leur permettent d'explorer leurs passions et de repousser les limites du possible. Que ce soit à travers les voyages, la lecture ou des projets personnels, les Dragons cherchent toujours à élargir leurs horizons et à se mettre au défi intellectuellement.

Les Dragons sont également profondément engagés dans la croissance personnelle et l'amélioration de soi. Ils considèrent l'éducation comme un moyen de devenir la meilleure version d'eux-mêmes et s'efforcent toujours d'apprendre davantage, de réaliser plus et d'apporter davantage au monde. Cette dévotion à l'apprentissage tout au long de la vie rend les Dragons très performants dans leur carrière et leur vie personnelle, car ils évoluent et s'adaptent constamment à de nouveaux défis.

L'approche des Dragons en matière d'éducation est marquée par leur indépendance, leur créativité et leur ambition. Avec une curiosité naturelle et un goût prononcé pour la connaissance, les Dragons excellent dans des environnements qui leur permettent d'explorer leurs intérêts et de prendre le contrôle de leur apprentissage. Bien qu'ils puissent être confrontés à des défis tels que la confiance excessive et l'impatience, les Dragons ont le potentiel de réussir brillamment en exploitant leurs forces et en surmontant leurs faiblesses.

Les Dragons sont des apprenants à vie, toujours en quête de nouvelles façons de grandir et de s'améliorer. Leur passion pour la connaissance et l'innovation les rend parfaitement adaptés à une grande variété de domaines académiques et professionnels, et leurs talents de leaders leur permettent de continuer à avoir un impact positif sur le monde qui les entoure. Que ce soit dans la salle de classe ou au-delà, les Dragons abordent l'éducation avec la même énergie, confiance et détermination qui définissent leur personnalité vibrante.

Voyage et le Dragon : Destinations Préférées et Habitudes de Voyage

Le Dragon, figure majestueuse et puissante du zodiaque chinois, incarne la confiance, le charisme et un esprit aventureux. Ceux nés sous ce signe sont des leaders naturels, toujours prêts à se lancer dans de nouvelles expériences et défis. En matière de voyage, les Dragons recherchent des destinations qui reflètent leur personnalité audacieuse, leur offrant excitation, luxe et un sentiment de découverte.

La personnalité du Dragon en voyage

Les Dragons sont connus pour leur amour de l'aventure et leur désir de profiter pleinement de la vie. Qu'il s'agisse d'escalader une montagne, d'explorer une métropole animée ou de se détendre dans un complexe hôtelier de luxe, les Dragons apprécient un mélange d'excitation et de plaisir. Ils s'épanouissent dans de nouvelles expériences et sont souvent attirés par des lieux offrant à la fois une beauté naturelle et une profondeur culturelle. Leur confiance les pousse à rechercher l'extraordinaire, évitant la banalité au profit de destinations qui suscitent l'émerveillement.

Les Dragons valorisent également leur indépendance, préférant souvent tracer leur propre chemin plutôt que de suivre un itinéraire touristique classique. Ils sont spontanés et peuvent choisir une destination à la dernière minute si celle-ci correspond à leur esprit d'aventure. Bien qu'ils apprécient la compagnie des autres, les Dragons voyagent également volontiers seuls, ce qui leur permet d'explorer à leur propre rythme.

Destinations préférées du Dragon

Lieux audacieux et exotiques

Les Dragons sont naturellement attirés par des destinations exotiques offrant un sens de l'aventure et du mystère. Des lieux comme le Machu Picchu au Pérou ou les Grandes Pyramides de Gizeh en Égypte sont parfaits pour les Dragons qui souhaitent s'immerger dans l'histoire ancienne tout en explorant des paysages époustouflants. Ces destinations offrent une richesse culturelle et un défi physique, en phase avec l'amour du Dragon pour l'exploration et l'aventure.

Luxe et opulence

Bien que les Dragons apprécient l'aventure, ils ont aussi un goût prononcé pour le luxe. Des destinations offrant à la fois excitation et expériences haut de gamme sont particulièrement attrayantes. Des villes comme Dubaï ou Monaco répondent au désir d'opulence du Dragon avec leurs complexes hôteliers de classe mondiale, leur gastronomie raffinée et leurs options de divertissement exclusives. Ces lieux permettent aux Dragons de s'adonner au luxe tout en profitant de l'effervescence d'un environnement dynamique.

Nature et grands espaces

Les Dragons ont également une connexion profonde avec la nature, recherchant souvent des destinations où ils peuvent apprécier la beauté brute du monde. Une randonnée dans l'Himalaya ou un safari dans le parc national du Serengeti offre aux Dragons l'opportunité de se confronter à la nature à grande échelle. Ces lieux séduisent leur côté aventureux tout en leur permettant de se connecter aux éléments. L'immensité et la beauté sauvage de ces paysages résonnent profondément avec la nature puissante et libre d'esprit du Dragon.

Centres culturels

Curieux intellectuellement, les Dragons sont souvent attirés par des villes riches en culture et en histoire. Kyoto, au Japon, et Istanbul, en Turquie, offrent un parfait mélange de traditions anciennes et d'innovation moderne, répondant au désir du Dragon pour la connaissance et l'exploration. Ces villes permettent aux Dragons de plonger dans des expériences culturelles variées tout en profitant de l'énergie vibrante de la vie urbaine.

Habitudes de voyage du Dragon

Spontanéité et flexibilité

L'un des traits essentiels des Dragons est leur capacité à s'adapter et à embrasser le changement. Cela se reflète dans leurs habitudes de voyage, car ils ne sont pas limités par des horaires rigides ou des itinéraires préétablis. Les Dragons préfèrent une approche plus spontanée, leur permettant d'explorer leur destination à leur propre rythme. Ils peuvent commencer leur voyage avec un plan vague, mais sont ouverts à changer de cap si une opportunité plus excitante se présente. Cette flexibilité leur permet de s'immerger pleinement dans l'expérience sans se sentir contraints par le temps ou les engagements.

Voyage en solo et indépendance

Bien que les Dragons soient des créatures sociables qui aiment la compagnie des autres, ils accordent également une grande valeur à leur indépendance. Le voyage en solo les attire souvent, car il leur offre la liberté de poursuivre leurs propres intérêts et d'explorer en profondeur les aspects d'une destination qui les fascinent le plus. Qu'il s'agisse de randonner dans une nature sauvage ou de découvrir les joyaux cachés d'une ville, les Dragons ont suffisamment de confiance en eux pour embrasser le voyage en solitaire, y voyant une manière de se connecter plus profondément à leur environnement.

Luxe et Aventure

Les Dragons sont connus pour leur amour du luxe et recherchent des hébergements et des expériences qui reflètent cette passion. Les complexes hôteliers haut de gamme, les villas privées et les vols en première classe figurent souvent sur leur radar. Pourtant, ils équilibrent cette indulgence avec un goût pour l'aventure. Un Dragon pourrait réserver un hôtel cinq étoiles dans un endroit isolé, mêlant ainsi luxe et frisson de se retrouver en pleine nature. Pour eux, le voyage idéal combine confort et excitation à parts égales.

Un Désir d'Expériences Uniques

Les Dragons ne se contentent pas des expériences touristiques habituelles. Ils recherchent des activités uniques et hors des sentiers battus qui leur permettent de se connecter plus profondément à la destination. Qu'il s'agisse d'assister à un festival traditionnel dans un village reculé ou de dîner avec des locaux dans un restaurant modeste, les Dragons aspirent à l'authenticité dans leurs voyages. Ils sont plus enclins à éviter les attractions touristiques bondées au profit de trésors cachés qui leur offrent une expérience plus intime et significative d'un lieu.

Un Accent sur la Santé et le Bien-être

Bien que les Dragons soient connus pour leur énergie dynamique, ils reconnaissent également l'importance du repos et du ressourcement. Les retraites bien-être dans des cadres paisibles, comme les stations thermales de Bali ou les sources chaudes d'Islande, séduisent les Dragons en quête d'un équilibre entre aventure et relaxation. Ces destinations leur permettent de recharger leur énergie physique et mentale tout en offrant des opportunités d'exploration et de découverte.

Pour les Dragons, voyager est bien plus qu'un simple moment d'évasion—c'est un voyage de découverte, d'expression personnelle et de croissance. Ils sont attirés par des destinations qui reflètent leur esprit aventureux et indépendant, abordant chaque voyage avec l'audace et la confiance qui les caractérisent. Qu'il s'agisse de rechercher des lieux exotiques, de s'adonner au luxe ou d'embrasser des aventures spontanées, les Dragons veillent à ce que chaque voyage soit une expérience mémorable et transformatrice. Avec une curiosité intellectuelle, un désir d'authenticité et un goût pour l'extraordinaire, les habitudes de voyage des Dragons sont aussi uniques et captivantes que leur signe astrologique lui-même.

Les Leçons Karmiques du Dragon : Leçons de Vie et Épanouissement Spirituel

Le Dragon se distingue comme l'un des signes les plus puissants et dynamiques de l'horoscope chinois. Dotés d'une confiance en eux innée, d'un charisme éclatant et d'une ambition remarquable, les Dragons sont connus pour leurs personnalités hors du commun. Ces traits leur permettent d'atteindre un grand succès et d'attirer l'attention partout où ils vont. Malgré leur force apparente, les Dragons, comme tous les signes du zodiaque, ont des leçons karmiques à apprendre tout au long de leur vie. Ces leçons sont essentielles pour leur croissance spirituelle, leur développement personnel et une compréhension plus profonde d'eux-mêmes et du monde qui les entoure.

Adopter l'Humilité et Lâcher Prise sur l'Ego
Les Dragons sont souvent perçus comme des leaders naturels, emplis d'assurance et d'un sens de grandeur. Leur énergie peut être impressionnante, mais cela peut parfois les mener à développer un sentiment exagéré de leur importance. L'une des leçons karmiques clés pour les Dragons est d'apprendre à embrasser l'humilité et à tempérer leur ego. Bien que la confiance en soi soit une qualité précieuse, une arrogance incontrôlée peut créer une distance entre le Dragon et les autres, entraînant des malentendus et des relations tendues.

Les Dragons doivent comprendre que le véritable leadership réside dans le service aux autres, et non dans leur domination. En apprenant à mettre leur ego de côté et à aborder les situations avec humilité, les Dragons peuvent cultiver des connexions plus profondes et plus significatives. Cette leçon karmique leur enseigne également que la vulnérabilité n'est pas un signe de faiblesse, mais un chemin vers une croissance authentique et une sagesse accrue.

Pratiquer la Patience et Gérer l'Impulsivité
La nature fougueuse du Dragon les pousse à poursuivre leurs objectifs avec passion et détermination. Ils sont souvent impa-

tients, désireux de voir des résultats et peu enclins à attendre que les choses évoluent naturellement. Cette impatience peut entraîner de la frustration lorsque les choses ne se déroulent pas comme prévu, incitant les Dragons à agir de manière impulsive ou à prendre des décisions précipitées qu'ils regrettent par la suite.

Une des leçons karmiques du Dragon est l'importance de la patience. La vie ne suit pas toujours le calendrier du Dragon, et apprendre à accepter cette réalité est essentiel à leur croissance spirituelle. En pratiquant la patience, les Dragons peuvent éviter de se précipiter dans des situations non mûries, ce qui leur permet de faire des choix plus réfléchis et éclairés. Cette leçon leur enseigne également que le succès exige souvent un effort constant et soutenu plutôt qu'une gratification immédiate.

Apprendre à Équilibrer Contrôle et Flexibilité

Les Dragons sont connus pour leur fort désir de contrôle. Ils souhaitent souvent diriger les situations selon leur vision et ont du mal à lâcher prise et à confier le contrôle aux autres. Bien que leurs talents de leadership soient impressionnants, cette tendance à dominer peut les rendre rigides dans leur manière de penser et résistants au changement. La vie, avec ses rebondissements imprévisibles, ne suit pas toujours les plans méticuleusement établis par le Dragon.

Pour le Dragon, une leçon karmique clé est d'apprendre à équilibrer leur désir de contrôle avec le besoin de flexibilité. En embrassant l'adaptabilité, les Dragons peuvent naviguer plus facilement et avec grâce à travers les incertitudes de la vie. Cette leçon leur apprend que, bien qu'ils puissent influencer certains aspects de leur existence, ils doivent également accepter de suivre le courant et de faire confiance au processus du changement. La flexibilité permet au Dragon de répondre aux défis de la vie avec créativité et résilience, au lieu de résister ou de se sentir submergé.

Cultiver la Compassion et l'Intelligence Émotionnelle

Les Dragons sont souvent admirés pour leur force et leur leadership, mais ils peuvent parfois éprouver des difficultés avec l'intelligence émotionnelle et l'empathie. Leur focalisation sur la réalisation de leurs objectifs et le maintien de leur image peut les amener à négliger les besoins émotionnels des autres. Cela peut créer un sentiment de détachement ou une distance émotionnelle dans leurs relations, laissant les autres se sentir incompris ou dévalorisés.

L'une des leçons karmiques du Dragon est d'apprendre à cultiver la compassion et à développer leur intelligence émotionnelle. En se mettant à l'écoute des sentiments et des perspectives des personnes qui les entourent, les Dragons peuvent former des relations plus profondes et plus épanouissantes. Cette leçon leur enseigne également l'importance d'être émotionnellement vulnérables, ce qui leur permet de se connecter aux autres de manière plus sincère et significative. En développant leur capacité d'empathie, les Dragons peuvent devenir non seulement des leaders puissants, mais aussi des guides compatissants qui inspirent les autres grâce à leur compréhension et leur bienveillance.

Libérer le Besoin de Perfection

Les Dragons se fixent souvent des normes incroyablement élevées, cherchant l'excellence dans tout ce qu'ils entreprennent. Bien que cette ambition les pousse à accomplir de grandes choses, elle peut également devenir une source de pression interne et d'insatisfaction. Le perfectionnisme du Dragon peut engendrer des sentiments d'insuffisance lorsqu'ils ne répondent pas à leurs propres attentes, ainsi que de la frustration lorsque les autres ne se montrent pas à la hauteur des mêmes normes.

Une leçon karmique essentielle pour les Dragons est d'apprendre à libérer le besoin de perfection. La vie est par nature imparfaite, et embrasser cette vérité permet aux Dragons de trouver la paix et la satisfaction dans l'instant présent. Cette leçon les encourage à célébrer leurs réussites, même si elles ne sont pas parfaites, et à aborder les défis avec curiosité plutôt qu'avec autocritique. En acceptant l'imperfection, les Dragons peuvent éprouver davantage de joie et d'épanouissement, se libérant de la poursuite constante d'idéaux inaccessibles.

Faire Confiance aux Autres et Embrasser la Vulnérabilité

Les Dragons sont farouchement indépendants et comptent souvent sur leur propre force et leurs capacités pour relever les défis de la vie. Bien que cette autonomie soit une source de fierté, elle peut également empêcher les Dragons de demander de l'aide ou de faire confiance aux autres. La peur d'apparaître faibles ou vulnérables peut les amener à tenir les autres à distance, les isolant du soutien et de l'amour dont ils ont besoin.

Une des leçons karmiques du Dragon est d'apprendre à faire confiance aux autres et à embrasser la vulnérabilité. En s'ouvrant et en permettant aux autres de les soutenir, les Dragons peuvent découvrir la richesse d'une véritable connexion. Cette leçon enseigne aux Dragons que la vulnérabilité n'est pas une faiblesse, mais une force qui favorise des liens plus profonds et une croissance mutuelle. En apprenant à faire confiance, les Dragons peuvent trouver un équilibre entre leur indépendance et leur besoin de communauté.

Canaliser leur Pouvoir pour le Bien Commun

Les Dragons sont des êtres puissants et énergiques, capables d'influencer leur entourage. Leur charisme et leur leadership les placent souvent en position d'autorité, où ils peuvent avoir un impact significatif sur leur environnement. Une leçon karmique cruciale pour les Dragons est d'apprendre à canaliser leur pouvoir pour le bien commun plutôt que pour des gains personnels.

En utilisant leur influence pour élever les autres et promouvoir des changements positifs, les Dragons peuvent accomplir leur mission supérieure. Cette leçon rappelle aux Dragons que l'épanouissement véritable vient de leur contribution au bien-être des autres et de l'héritage positif qu'ils laissent derrière eux. Que ce soit par des actes de bonté, du mentorat ou du leadership dans des causes humanitaires, les Dragons peuvent trouver une satisfaction spirituelle plus profonde en alignant leurs actions sur une cause plus grande.

Les leçons karmiques du Dragon sont essentielles à leur parcours de croissance spirituelle et de découverte de soi. En embrassant l'humilité, la patience et la flexibilité, les Dragons peuvent tempérer leur nature puissante et naviguer dans la vie avec plus de sagesse. Cultiver la compassion, libérer le perfectionnisme et faire confiance aux autres sont des étapes clés pour former des relations plus profondes et plus significatives. En apprenant à canaliser leur pouvoir pour le bien commun, les Dragons peuvent atteindre un sens de la vie et un épanouissement qui transcendent le succès matériel. En fin de compte, ces leçons guident le Dragon vers une vie d'équilibre, d'harmonie et d'illumination spirituelle, leur permettant d'atteindre leur plein potentiel.

L'Horoscope Quotidien du Dragon : Comment sont Déterminées les Prévisions Quotidiennes

Pour les personnes nées sous le signe du Dragon dans le zodiaque chinois, les horoscopes quotidiens offrent des aperçus sur leurs expériences potentielles, défis et opportunités. Les Dragons, connus pour leur confiance, leur ambition et leur nature dynamique, peuvent trouver dans ces horoscopes des conseils précieux pour naviguer à travers les énergies de chaque journée. Mais comment ces prévisions quotidiennes sont-elles exactement déterminées ? Pour comprendre la mécanique derrière les horoscopes quotidiens du Dragon, il est essentiel d'explorer les différents éléments qui façonnent ces prédictions, notamment l'astrologie, les cycles lunaires, les Cinq Éléments et d'autres influences astrologiques.

Le Rôle de l'Astrologie Chinoise

L'astrologie chinoise joue un rôle central dans la détermination de l'horoscope quotidien du Dragon. Chaque jour dans le calendrier chinois est associé à l'un des 12 animaux du zodiaque, tout comme chaque année correspond à un signe zodiacal. Les signes du zodiaque chinois suivent un cycle de 12 ans, où chaque année est dédiée à un animal, et les horoscopes quotidiens tiennent compte des interactions entre l'animal du jour et le signe de l'individu.

Le Dragon, cinquième signe du zodiaque, est réputé pour son audace, son charisme et son envie de réussir. L'horoscope quotidien du Dragon est influencé par l'animal associé à la journée ainsi que par la manière dont les caractéristiques de cet animal interagissent avec les traits naturels du Dragon. Par exemple, une journée placée sous le signe du Buffle, connu pour sa patience et sa persévérance, pourrait apporter un sentiment de stabilité à l'énergie fougueuse du Dragon. Ce pourrait être une journée où le Dragon est conseillé de pratiquer la retenue et de se concentrer sur des objectifs à long terme. Lors d'une journée dominée par le Tigre, avec son énergie et son ambition, le Dragon pourrait se sentir poussé à entreprendre des actions audacieuses et à saisir de nouvelles opportunités.

L'Influence du Calendrier Lunaire

En plus de l'animal du jour, le calendrier lunaire joue un rôle important dans la définition des horoscopes quotidiens. Le calendrier chinois est basé sur la lune, ce qui signifie qu'il suit les phases lunaires. Les cycles lunaires influencent les émotions, l'intuition et l'énergie générale, ce qui en fait un facteur clé dans l'établissement des horoscopes.

Pour le Dragon, la phase actuelle de la lune peut offrir des informations précieuses sur son état émotionnel et son processus de prise de décision. Par exemple, lors d'une nouvelle lune, symbole de nouveaux départs et d'énergie renouvelée, le Dragon pourrait ressentir un élan de motivation pour commencer un nouveau projet ou explorer une nouvelle voie. En revanche, une pleine lune, associée à des émotions amplifiées et à une prise de conscience accrue, pourrait apporter de la clarté au Dragon, l'aidant à prendre des décisions importantes ou à reconnaître l'aboutissement d'efforts passés.

L'interaction de la lune avec d'autres éléments astrologiques peut également affecter l'expérience quotidienne du Dragon. Par exemple, si la lune est dans un signe compatible avec le Dragon, comme le Singe ou le Rat, la journée pourrait être marquée par de la positivité et de la facilité. Mais si la lune s'aligne avec un signe traditionnellement en conflit avec le Dragon, comme le Chien, l'horoscope pourrait recommander de la prudence face à des défis ou des conflits possibles.

Les Cinq Éléments et Leur Impact

Un autre aspect fondamental de l'astrologie chinoise est le concept des Cinq Éléments : Bois, Feu, Terre, Métal et Eau. Chaque signe du zodiaque, y compris le Dragon, est associé à l'un de ces éléments, et l'interaction entre les éléments de la journée et celui du Dragon influence son horoscope quotidien.

Le Dragon est le plus souvent associé à l'élément Terre, symbole de stabilité, de force et de pragmatisme. Chaque jour du calendrier chinois est également régi par un élément, et l'interaction entre ces éléments crée une énergie dynamique qui influence l'expérience du Dragon. Par exemple, lors d'une journée régie par l'élément Feu, l'énergie naturelle du Dragon, associée à la Terre, pourrait se sentir dynamisée et motivée à agir. Le Feu soutient la Terre, apportant au Dragon un regain de confiance et d'inspiration. Lors d'une journée gouvernée par l'Eau, qui a une influence modératrice sur la Terre, le Dragon pourrait être encouragé à être plus introspectif, en se concentrant sur l'équilibre émotionnel et la réflexion personnelle.

En tenant compte de l'élément du jour et de son interaction avec celui du Dragon, les astrologues peuvent offrir des conseils plus personnalisés et précis dans les horoscopes quotidiens. Cette approche basée sur les éléments ajoute une profondeur supplémentaire à la compréhension, aidant le Dragon à prendre des décisions éclairées en fonction du flux énergétique de la journée.

Les Transits Astrologiques et les Mouvements Planétaires

En plus du zodiaque chinois et des cycles lunaires, les transits astrologiques et les mouvements planétaires peuvent également avoir un impact sur l'horoscope quotidien du Dragon. Bien que l'astrologie chinoise se concentre traditionnellement davantage sur les cycles de la lune et les Cinq Éléments, l'influence des planètes, en particulier en relation avec l'astrologie occidentale, est parfois prise en compte dans les interprétations modernes.

Les mouvements planétaires peuvent amplifier ou défier l'énergie de la journée, créant des opportunités de croissance ou exigeant du Dragon qu'il s'adapte à de nouvelles circonstances. Par exemple, si une planète majeure comme Jupiter est dans une position favorable, le Dragon pourrait ressentir une augmentation de chance, d'expansion et d'abondance. L'influence de Jupiter est associée à la croissance, à l'optimisme et aux nouvelles opportunités. L'horoscope de cette journée pourrait donc encourager le Dragon à prendre des risques et à explorer des territoires inconnus.

En revanche, un transit planétaire difficile impliquant Saturne pourrait indiquer une journée marquée par la discipline, la responsabilité et le travail acharné. Dans ce cas, l'horoscope pourrait conseiller au Dragon de se concentrer sur des objectifs à long terme, de rester patient et d'éviter les actions impulsives.

Bien que les mouvements planétaires ne soient pas l'objectif principal de l'astrologie chinoise traditionnelle, leur inclusion dans certains horoscopes quotidiens permet une approche plus complète, mélangeant la sagesse ancienne avec les pratiques astrologiques contemporaines.

Énergie personnelle et cartes Bazi

Les horoscopes quotidiens du Dragon peuvent également s'appuyer sur les cartes Bazi, des cartes astrologiques personnelles basées sur la date et l'heure de naissance d'une personne. Le Bazi, également connu sous le nom des Quatre Piliers du Destin, est un système de l'astrologie chinoise qui analyse l'interaction des Cinq Éléments dans la carte de naissance d'une personne.

Chaque carte Bazi est unique et offre des aperçus sur la personnalité, les forces, les faiblesses et le chemin de vie d'un individu. Pour les Dragons, comprendre leur carte Bazi peut fournir des orientations quotidiennes plus spécifiques. Par exemple, si un Dragon a un élément Feu fort dans sa carte, une journée dominée par l'énergie de l'Eau pourrait nécessiter une prudence accrue, car l'Eau peut contrôler et éteindre le Feu. À l'inverse, une journée gouvernée par le Bois, qui nourrit le Feu, pourrait être particulièrement favorable, encourageant le Dragon à entreprendre des actions audacieuses.

Les cartes Bazi permettent de comprendre comment l'énergie quotidienne s'aligne avec le destin individuel du Dragon, offrant un horoscope plus personnalisé et en résonance avec ses expériences personnelles et son parcours de vie.

Applications pratiques de l'horoscope quotidien du Dragon

Les horoscopes quotidiens offrent au Dragon une feuille de route pour naviguer à travers les défis et les opportunités uniques de chaque jour. Qu'ils recherchent des conseils sur les relations, la carrière ou le développement personnel, les Dragons peuvent utiliser ces horoscopes pour aligner leurs actions avec les énergies du jour.

En prêtant attention à l'animal du zodiaque du jour, à la phase de la lune, aux influences élémentaires et aux transits astrologiques, les Dragons peuvent prendre des décisions éclairées qui favorisent leur succès et leur épanouissement personnel. Ces prévisions quotidiennes rappellent également aux Dragons de tempérer leur confiance et leur ambition naturelles par de l'introspection, de la flexibilité et de la patience.

Les horoscopes ne sont pas des prédictions rigides mais plutôt des outils de réflexion et de conscience de soi. Pour le Dragon, ils offrent une opportunité de tirer parti de l'énergie du jour et de s'aligner avec le flux des énergies cosmiques. En procédant ainsi, les Dragons peuvent maximiser leur potentiel, renforcer leurs relations et atteindre leurs objectifs avec plus de facilité et d'harmonie.

L'Interaction du Dragon avec le Calendrier Lunaire

Comme nous l'avons déjà vu, le Dragon est un puissant symbole de force, de courage et d'ambition. Il occupe une position centrale dans le cycle zodiacal, représentant une énergie transformatrice et un potentiel immense. La relation du Dragon avec le calendrier lunaire, qui constitue la base de l'astrologie chinoise, ajoute des couches de sens à ce signe dynamique. Le Nouvel An lunaire, ainsi que les phases mensuelles de la lune, influencent profondément la personnalité, les opportunités et le chemin spirituel du Dragon.

Le Calendrier Lunaire et le Zodiaque Chinois

Le zodiaque chinois est ancré dans le calendrier lunaire, basé sur les cycles de la lune. Chaque année lunaire est associée à l'un des 12 signes du zodiaque, le Dragon étant le cinquième dans le cycle. Cela signifie que tous les 12 ans, une « Année du Dragon » a lieu, apportant une montée d'énergie dynamique, de leadership et de croissance personnelle pour les natifs de ce signe. Le calendrier lunaire divise également l'année en 12 mois et 24 périodes solaires, qui peuvent influencer davantage les traits de personnalité du Dragon en fonction du mois lunaire où ils sont nés.

Année du Dragon : Influence Lunaire sur la Personnalité

Pour les natifs de l'Année du Dragon, le calendrier lunaire joue un rôle essentiel dans la formation de leur personnalité et de leur destinée. L'énergie de la lune affecte le déroulement des événements de la vie des Dragons, guidant leurs réactions, leurs décisions et leurs ambitions. Lorsque le calendrier lunaire marque une Année du Dragon, le signe est considéré comme étant plus énergisé, augmentant les opportunités de succès, de développement personnel et de croissance spirituelle.

Le Dragon est connu pour son intensité, son courage et sa confiance. Lorsque ces traits s'alignent avec la puissance de l'année lunaire, ils peuvent être amplifiés ou tempérés par les phases lunaires. Par exemple, un Dragon né lors d'une pleine lune pourrait être plus intense et passionné, tandis qu'un Dragon né lors d'une nouvelle lune pourrait faire preuve de plus d'introspection et de calme. Cette connexion avec le cycle lunaire rend les Dragons hautement adaptables, capables d'ajuster leur énergie en fonction des phases changeantes de la lune.

Cycle Lunaire Mensuel et Énergie du Dragon

Bien que l'Année du Dragon joue un rôle important dans la définition du parcours de vie des natifs de ce signe, les cycles mensuels de la lune sont tout aussi significatifs. Chaque mois lunaire présente des défis et des opportunités uniques qui influencent directement l'énergie du Dragon. Naturellement en phase avec le changement et la transformation, le Dragon peut connaître des changements importants dans son humeur, son comportement et ses objectifs en fonction des phases lunaires.

Nouvelle Lune : La nouvelle lune représente un moment d'introspection et de planification pour le Dragon. Durant cette phase, le Dragon se concentre sur la définition de ses intentions pour l'avenir, l'évaluation de ses objectifs et la prise de décisions stratégiques. C'est une période de force tranquille où le Dragon rassemble son énergie pour relever les défis à venir.

Lune Croissante : À mesure que la lune commence à croître, les Dragons ressentent une montée d'énergie et de créativité. C'est le moment où leur nature ambitieuse prend le dessus, les poussant à entreprendre de nouveaux projets, à élargir leurs horizons et à exploiter leurs talents naturels de leader. La lune croissante marque une période de croissance et de progrès pour le Dragon.

Pleine Lune : La pleine lune est un moment d'énergie maximale pour le Dragon. Leur charisme, leur confiance et leur enthousiasme sont à leur apogée, ce qui en fait une période idéale pour les engagements sociaux, les apparitions publiques ou les décisions audacieuses dans leur carrière ou leur vie personnelle. Les Dragons brillent intensément durant cette phase, attirant des opportunités grâce à leur magnétisme naturel.

Lune Décroissante : Lorsque la lune commence à décroître, les Dragons peuvent ressentir le besoin de se retirer et de se ressourcer. Cette phase appelle à la réflexion et à l'évaluation des accomplissements récents. Les Dragons sont encouragés à prendre du recul, à examiner leurs progrès et à se préparer pour le prochain cycle de croissance. C'est un moment de repos et de régénération avant de replonger dans leurs objectifs.

Le Dragon et les Fêtes Lunaires

En plus de l'influence des phases lunaires, les Dragons sont également profondément liés aux grandes fêtes lunaires célébrées dans la culture chinoise. Le Nouvel An lunaire, en particulier, est un moment de renouveau et de célébration, marquant le début d'un nouveau cycle et offrant aux Dragons l'occasion de définir de nouvelles intentions pour l'année à venir.

La Fête de la Mi-Automne, qui célèbre la pleine lune, est un autre événement important pour les Dragons. Cette fête met l'accent sur l'unité, la gratitude et l'accomplissement des objectifs, des valeurs qui résonnent fortement avec la nature ambitieuse du Dragon. Pendant cette période, les Dragons peuvent réfléchir à leurs réussites et partager leur succès avec leurs proches, profitant de l'énergie lumineuse de la pleine lune.

Compatibilité Lunaire : Comment le Dragon Interagit avec les Autres Signes

Le calendrier lunaire joue également un rôle dans la détermination de la compatibilité entre le Dragon et les autres signes du zodiaque. Les relations entre les signes peuvent être influencées par l'année lunaire de naissance, certaines combinaisons étant plus harmonieuses que d'autres. Par exemple, le Dragon est souvent considéré comme compatible avec le Rat et le Singe, car leurs énergies se complètent bien. L'année lunaire et la phase peuvent soit renforcer, soit défier ces relations, influençant la façon dont les Dragons interagissent avec les autres signes, tant sur le plan personnel que professionnel.

Lorsque le Dragon est en harmonie avec les cycles lunaires, ses relations ont tendance à être plus fluides, et il est mieux équipé pour gérer les conflits qui pourraient survenir. En revanche, si le Dragon est déséquilibré par l'énergie lunaire, il peut se retrouver en conflit avec d'autres, notamment avec ceux qui ne s'accordent pas bien avec la nature audacieuse et affirmée du Dragon.

Croissance Spirituelle et le Calendrier Lunaire

Pour les Dragons, la croissance spirituelle est un aspect important de la vie, et le calendrier lunaire sert de guide pour ce cheminement. Les cycles de la lune représentent le flux et le reflux des défis et des récompenses de la vie, encourageant les Dragons à réfléchir à leurs progrès et à ajuster leur parcours si nécessaire. Le désir inné du Dragon pour la transformation le rend particulièrement réceptif aux leçons spirituelles offertes par le calendrier lunaire.

Chaque cycle lunaire offre une occasion pour le Dragon d'évoluer, que ce soit par une introspection profonde lors de la nouvelle lune ou la manifestation de ses objectifs lors de la pleine lune. En s'alignant avec les rythmes naturels de la lune, les Dragons peuvent atteindre un sens plus profond de l'équilibre et de l'accomplissement dans leur vie, tant spirituellement que matériellement.

L'interaction du Dragon avec le calendrier lunaire est une force puissante dans la formation de sa personnalité, de ses relations et de son chemin spirituel. De l'Année du Dragon aux phases mensuelles de la lune, le calendrier lunaire influence chaque aspect de la vie du Dragon. En comprenant et en embrassant ces cycles lunaires, les Dragons peuvent libérer leur plein potentiel, naviguer à travers les défis de la vie avec grâce et atteindre leurs objectifs avec confiance. La lune sert de compagne constante au Dragon, le guidant à travers son parcours de croissance personnelle et de transformation.

Le Rôle du Dragon dans la Médecine Traditionnelle Chinoise : Pratiques de Santé et Guérison

Comme mentionné précédemment, dans la culture chinoise, le Dragon est un symbole vénéré de puissance, de force et de bonne fortune. Sa présence mythique s'étend au-delà du folklore et de l'astrologie pour pénétrer dans le domaine de la médecine traditionnelle chinoise (MTC), où il joue un rôle symbolique et philosophique. Les attributs du Dragon reflètent des éléments clés de la santé et du bien-être, guidant diverses pratiques et croyances dans l'art de la guérison. L'influence du Dragon dans la médecine chinoise offre des perspectives précieuses sur le maintien de l'équilibre, de la vitalité et de la longévité.

Le Dragon et les Cinq Éléments en Médecine Chinoise

La médecine chinoise repose sur la croyance que la santé est obtenue par l'équilibre et l'harmonie à l'intérieur du corps. Au cœur de cette philosophie se trouvent les Cinq Éléments—Bois, Feu, Terre, Métal et Eau—qui représentent différents aspects de la nature et du corps humain. Chaque signe du zodiaque chinois est associé à l'un de ces éléments, et l'élément du Dragon peut varier selon l'année de naissance. Tous les 12 ans, un nouveau Dragon élémentaire naît, influençant les tendances et susceptibilités de santé de ceux nés sous son signe.

Dragon de Bois (2024, 1964) : L'élément Bois gouverne la croissance et la flexibilité. Les Dragons de Bois sont énergiques et résilients, mais peuvent être sujets à des problèmes de foie ou au stress émotionnel si leur énergie n'est pas correctement équilibrée. La médecine chinoise suggère que les Dragons de Bois pratiquent des activités comme le tai-chi et le qi gong pour maintenir leur flux d'énergie et soutenir la santé du foie.

Dragon de Feu (1976, 2036) : Le Feu est associé à la passion, à la chaleur et à l'intensité. Les Dragons de Feu sont dynamiques et enthousiastes, mais peuvent rencontrer des problèmes liés au cœur et au système circulatoire. Des herbes rafraîchissantes, l'acupuncture et des pratiques apaisantes pour le cœur et l'esprit sont recommandées en MTC pour maintenir l'équilibre du Dragon de Feu.

Dragon de Terre (1988, 2048) : La Terre représente la stabilité et la nutrition. Les Dragons de Terre sont ancrés et fiables, mais peuvent éprouver des difficultés digestives et des préoccupations liées à l'inquiétude. La médecine chinoise recommande la consommation de nourriture chaude et facilement digestible, ainsi que la pratique d'une alimentation consciente pour renforcer le système digestif du Dragon de Terre.

Dragon de Métal (1940, 2000) : Le Métal symbolise la structure et la clarté. Les Dragons de Métal sont décisifs et disciplinés, mais peuvent être sujets à des problèmes respiratoires ou de peau. Des exercices de respiration et des herbes renforçant les poumons sont souvent prescrits pour soutenir les Dragons de Métal dans le maintien d'une bonne santé respiratoire.

Dragon d'Eau (1952, 2012) : L'Eau gouverne le flux et l'adaptabilité. Les Dragons d'Eau sont intuitifs et adaptables, mais peuvent rencontrer des problèmes avec les reins et les organes reproducteurs. La médecine chinoise recommande de garder les reins au chaud, de rester hydraté et de consommer des aliments nourrissant les reins comme les haricots noirs et les algues pour soutenir la santé des Dragons d'Eau.

Qi et l'Énergie Vitale du Dragon

Dans la médecine traditionnelle chinoise, le Qi (prononcé "chi") fait référence à la force vitale qui circule à travers tous les êtres vivants. L'énergie du Dragon est souvent perçue comme vibrante et puissante, mais il est essentiel de maintenir un Qi fluide et équilibré pour éviter la surmenage et l'épuisement. Les Dragons, étant naturellement ambitieux et déterminés, peuvent parfois se pousser trop fort, ce qui peut entraîner de l'épuisement ou des déséquilibres dans leur Qi.

Des pratiques comme l'acupuncture et la médecine à base de plantes aident à réguler le flux de Qi dans le corps, assurant ainsi que les Dragons restent en pleine forme. L'acupuncture se concentre sur le déblocage des stagnations dans les voies énergétiques appelées méridiens, permettant ainsi la libre circulation du Qi. Pour les Dragons, des points associés à leurs organes principaux—comme le cœur pour les Dragons de Feu ou les reins pour les Dragons d'Eau—sont souvent ciblés pour améliorer la vitalité et prévenir la maladie.

Pour les Dragons, maintenir un mode de vie actif est également crucial pour assurer que leur Qi reste fort. Les pratiques physiques telles que les arts martiaux, le qi gong et le tai chi sont non seulement importantes pour la santé physique, mais aussi pour la clarté mentale et le bien-être émotionnel. Ces exercices sont conçus pour harmoniser l'énergie interne du corps, favorisant ainsi la longévité et la vitalité.

Le Rôle de l'Alimentation et des Remèdes Herbacés pour les Dragons

La médecine chinoise met l'accent sur l'importance de l'alimentation comme forme de médecine préventive. Les Dragons, connus pour leurs constitutions solides, doivent tout de même nourrir correctement leur corps afin de maintenir leur niveau d'énergie et prévenir les problèmes de santé liés à leur type élémentaire. L'alimentation joue un rôle essentiel dans le maintien de l'équilibre, et les remèdes à base de plantes chinoises sont souvent utilisés pour traiter des problèmes de santé spécifiques ou des déséquilibres.

Pour les Dragons de Bois, des aliments qui soutiennent la santé du foie, tels que les légumes à feuilles vertes, les fruits acides et les produits fermentés, sont recommandés. Des herbes comme le chardon-marie et la racine de pissenlit aident à détoxifier le foie et à soutenir la vitalité générale.

Pour les Dragons de Feu, les aliments et herbes rafraîchissants sont bénéfiques. Les légumes amers, les concombres et les tisanes rafraîchissantes comme le chrysanthème et la menthe peuvent aider à calmer l'excès de chaleur et prévenir la surexcitation du cœur.

Pour les Dragons de Terre, les aliments qui favorisent la digestion, tels que les soupes chaudes, les légumes racines et les céréales, sont encouragés. Des toniques à base de plantes comme le gingembre et la réglisse peuvent renforcer le système digestif et apaiser tout inconfort.

Pour les Dragons de Métal, les aliments qui nourrissent les poumons et soutiennent la santé de la peau, tels que les poires, les champignons blancs et les amandes, sont idéaux. Des herbes comme l'astragale et la schisandra sont recommandées pour stimuler l'immunité et la fonction respiratoire.

Pour les Dragons d'Eau, les aliments nourrissant les reins, tels que les haricots noirs, les noix et les algues, sont mis en avant. Des herbes tonifiantes comme les baies de goji et la réhmannie sont souvent prescrites pour renforcer la fonction rénale et soutenir la vitalité globale du corps.

Pratiques de Santé Émotionnelle et Mentale

Les Dragons sont connus pour leurs fortes personnalités et leurs qualités naturelles de leadership, mais ils ne sont pas à l'abri du stress émotionnel. Le dynamisme et l'ambition qui caractérisent les Dragons peuvent parfois mener à l'épuisement émotionnel, à l'anxiété ou à la frustration lorsque les choses ne se déroulent pas comme prévu. La médecine chinoise reconnaît l'importance de la santé émotionnelle pour le bien-être global et suggère des pratiques comme la méditation, le qi gong et la respiration pour aider les Dragons à gérer le stress.

Dans la MTC, les émotions sont étroitement liées à la santé physique. Par exemple, les Dragons de Feu, associés au cœur, peuvent éprouver des déséquilibres émotionnels comme l'anxiété ou l'agitation lorsque leur Qi du cœur est perturbé. Les pratiques axées sur l'apaisement de l'esprit et la nutrition du cœur peuvent être utiles dans ces cas. La méditation et la respiration, en particulier, sont bénéfiques pour les Dragons qui ont besoin de prendre du recul et de réfléchir à leur bien-être émotionnel.

Équilibrer le Yin et le Yang pour une Santé Optimale

Au cœur de la médecine chinoise se trouve le principe du Yin et du Yang—l'équilibre des forces opposées mais complémentaires. Les Dragons, avec leur force et vitalité inhérentes, ont tendance à manifester plus d'énergie Yang, qui est active, lumineuse et affirmée. Bien que l'énergie Yang soit essentielle pour l'action et le progrès, un excès de celle-ci peut conduire à des déséquilibres, tels que la surchauffe, le surmenage ou la volatilité émotionnelle. Pour contrebalancer cela, on encourage les Dragons à cultiver l'énergie Yin, qui est calmante, réparatrice et introspective.

Pour maintenir cet équilibre, les Dragons devraient intégrer à la fois des pratiques actives et passives dans leur routine. Tandis que les arts martiaux et l'exercice physique favorisent l'énergie Yang, des pratiques méditatives et réparatrices comme le yoga, le tai-chi, ou même passer du temps dans la nature aident à cultiver l'énergie Yin. Cet équilibre est crucial pour la santé à long terme, prévenir l'épuisement et soutenir la puissante vitalité du Dragon.

Dans la médecine chinoise, le Dragon est plus qu'un simple symbole de force et de pouvoir—il représente l'interaction dynamique des forces élémentaires, de l'énergie Qi et du Yin et Yang. Les Dragons doivent apprendre à équilibrer leur immense énergie avec des pratiques réparatrices pour maintenir leur santé et leur vitalité tout au long de leur vie. Que ce soit par l'alimentation, les remèdes à base de plantes, l'exercice physique ou la méditation, les Dragons peuvent bénéficier de la sagesse de la médecine traditionnelle chinoise pour mener une vie saine, équilibrée et épanouissante. Le voyage du Dragon en matière de santé est un voyage d'appropriation du pouvoir tout en honorant le besoin d'harmonie, en faisant de lui un guide puissant dans la quête du bien-être.

La Contribution du Dragon à la Société

Le Dragon, l'un des symboles les plus puissants et vénérés de l'astrologie chinoise, est profondément lié aux valeurs sociétales et au progrès. Dans le zodiaque chinois, le Dragon représente la force, le leadership et une présence dynamique. Les individus nés sous le signe du Dragon sont souvent perçus comme des leaders naturels qui apportent innovation, vision et énergie transformatrice dans tous les domaines auxquels ils s'engagent. La contribution du Dragon à la société dépasse l'individu, influençant la culture, la politique et l'éthos collectif du progrès.

Le Rôle du Dragon en Tant que Leader

Les Dragons sont connus pour leurs fortes personnalités, leur charisme magnétique et leur capacité à inspirer les autres. Dans des positions de leadership, ces traits font d'eux des guides très efficaces pour mener des équipes, des organisations ou des communautés entières vers le succès. Les personnes nées sous ce signe du zodiaque possèdent souvent les qualités nécessaires pour diriger : la confiance en soi, la vision et une attitude sans peur face aux défis. Leur mentalité tournée vers l'avenir leur permet de voir des potentialités là où d'autres ne les perçoivent pas, poussant ainsi la société vers de nouveaux horizons.

Leadership Visionnaire : Les Dragons sont des leaders visionnaires capables d'anticiper les tendances futures et de guider les autres vers des solutions progressistes. Que ce soit dans les affaires, la politique ou le leadership communautaire, leur sens clair de la direction inspire confiance et loyauté. De nombreux Dragons excellent dans des postes de leadership parce qu'ils n'ont pas peur de prendre des risques calculés, sachant que des décisions audacieuses mènent souvent à des récompenses substantielles. En adoptant de nouvelles idées et en encourageant l'innovation, ils repoussent les limites de ce qui est possible dans la société.

Figures Inspirantes : Les Dragons attirent naturellement les suiveurs. Leur confiance et leur détermination inflexible attirent les autres, ce qui leur permet de motiver et de guider les gens vers des objectifs communs. Les Dragons sont souvent considérés comme des mentors, offrant conseils et sagesse à ceux qui les entourent. Ils n'ont pas peur de dire ce qu'ils pensent, défendant ce en quoi ils croient, ce qui inspire confiance à ceux qui suivent leur exemple. Leur influence aide à conduire les communautés et les organisations vers des résultats positifs.

La Contribution du Dragon à l'Innovation et au Progrès

Les Dragons sont souvent associés à la créativité et à l'innovation, en particulier dans des domaines nécessitant des solutions tournées vers l'avenir. Leur curiosité innée et leur désir d'explorer de nouvelles possibilités les poussent à penser différemment. Que ce soit dans les sciences, les arts ou la technologie, les Dragons ont une inclination naturelle à innover, contribuant de manière significative à l'avancement de la société.

Innovateurs dans la Technologie et la Science : Les Dragons possèdent une curiosité intellectuelle qui les pousse à explorer de nouvelles technologies et concepts scientifiques. Ils sont souvent des adopteurs précoces de nouvelles idées, contribuant à mener des révolutions technologiques bénéfiques pour la société dans son ensemble. Dans les domaines de l'ingénierie, de la médecine et de l'informatique, les Dragons sont à la pointe de l'innovation, développant des solutions aux problèmes complexes et poussant la société vers le progrès. Leur travail dans ces domaines mène souvent à des percées qui améliorent la qualité de vie des autres.

Contributions Artistiques : L'énergie créative du Dragon trouve également son expression dans les arts. Les Dragons sont connus pour leurs idées audacieuses et imaginatives, et sont souvent à la pointe des mouvements artistiques. Leur travail dans la littérature, les arts visuels, la musique et le cinéma repousse les frontières sociétales, inspirant les autres à réfléchir de manière critique aux normes culturelles et aux structures sociales. En défiant le statu quo à travers leur art, les Dragons encouragent l'évolution sociétale, favorisant une culture d'ouverture d'esprit et d'acceptation.

Esprit Entrepreneurial : Les Dragons sont également connus pour leur esprit entrepreneurial, démarrant souvent des entreprises ou des initiatives qui entraînent des changements significatifs. Leur détermination et leur capacité à voir la situation dans son ensemble font d'eux des entrepreneurs prospères. De nombreux individus nés sous le signe du Dragon excellent dans la création de start-ups ou d'entreprises répondant aux besoins sociétaux, qu'il s'agisse de technologies écologiques ou de plateformes sociales innovantes. Leur volonté de réussir, combinée à une capacité à prendre des risques, conduit à des entreprises qui contribuent à l'économie et à la société dans son ensemble.

L'Influence du Dragon sur la Culture et la Tradition

Au-delà de leurs contributions directes au leadership et à l'innovation, les Dragons jouent également un rôle important dans la formation des valeurs culturelles et sociétales. Le Dragon symbolise la prospérité, la force et la bonne fortune, et ces qualités sont profondément ancrées dans divers aspects de la culture chinoise. L'influence du Dragon peut se voir dans les festivals, les rituels traditionnels et même dans les idéaux sociétaux concernant le succès personnel et la force communautaire.

Symbolisme Culturel : Dans la culture chinoise, le Dragon est un symbole du pouvoir impérial et de l'autorité céleste. Les empereurs étaient souvent associés aux Dragons, représentant leur droit divin de gouverner. Même aujourd'hui, le Dragon est considéré comme un protecteur du peuple, une force qui apporte la chance et la prospérité. Ce symbolisme s'étend au-delà de la Chine, influençant d'autres cultures d'Asie de l'Est où le Dragon reste une figure puissante dans l'art, la littérature et la mythologie. Les valeurs associées au Dragon—leadership, sagesse et force—continuent d'inspirer les individus et les sociétés à travers le monde.

Célébration et Festivals : Le Dragon joue un rôle central dans de nombreuses célébrations culturelles, notamment pendant le Nouvel An lunaire. La Danse du Dragon, une performance traditionnelle où les artistes imitent les mouvements d'un dragon, est censée apporter chance et chasser les mauvais esprits. Ces traditions culturelles préservent non seulement la place du Dragon dans la société, mais renforcent également les liens communautaires en rassemblant les gens pour célébrer un héritage commun. La présence du Dragon lors de ces événements renforce son rôle de symbole d'unité et de prospérité.

Influence Spirituelle et Morale : Les traits du Dragon incarnent également des valeurs morales et spirituelles dans la société chinoise. Les Dragons sont considérés comme des protecteurs de l'intégrité morale et sont souvent dépeints comme des êtres sages qui utilisent leur pouvoir pour le bien commun. Cette idée influence les attentes sociétales en matière de leadership et de réussite, où le pouvoir doit être utilisé de manière responsable et au service de la communauté. De nombreuses personnes nées sous le signe du Dragon prennent ces valeurs à cœur, s'efforçant de vivre selon les normes morales associées à leur signe astrologique.

L'Impact du Dragon sur la Société Mondiale

L'influence du Dragon ne se limite pas à la société chinoise. En tant que symbole de pouvoir, d'ambition et de succès, le Dragon est devenu une icône mondiale. Dans les sociétés occidentales, les Dragons sont souvent perçus comme des créatures mythologiques représentant la force et l'héroïsme. Cette admiration généralisée pour les qualités du Dragon a permis à son influence symbolique de s'étendre à travers les cultures, où il continue d'inspirer les individus dans divers domaines.

Leadership et Influence Mondiale : De nombreux leaders influents dans le monde entier sont nés sous le signe du Dragon, et leur influence se fait sentir à l'échelle mondiale. Ces individus incarnent souvent les caractéristiques du Dragon — force, résilience et vision — utilisant leurs positions de pouvoir pour façonner les relations internationales, stimuler la croissance économique ou faire progresser la justice sociale. Les qualités de leadership du Dragon ont eu un impact durable non seulement en Chine, mais aussi dans le monde entier, contribuant au progrès et à la stabilité.

Échange Culturel : Le Dragon joue également un rôle dans la promotion de l'échange culturel entre les sociétés orientales et occidentales. À mesure que l'influence mondiale de la Chine croît, le symbolisme du Dragon devient de plus en plus familier et accepté dans le monde entier. Cet échange de valeurs culturelles favorise la compréhension mutuelle et l'appréciation, aidant à construire une communauté mondiale plus connectée et harmonieuse. Le Dragon, en tant que symbole d'unité et de valeurs partagées, continue de jouer un rôle vital dans la réduction des écarts culturels.

La contribution du Dragon à la société est multidimensionnelle et étendue. Grâce au leadership, à l'innovation et à l'impact culturel, les Dragons ont façonné le monde de manière significative. Leur influence dépasse leurs réalisations personnelles, inspirant des communautés entières à aspirer à la grandeur et à embrasser le changement. Que ce soit dans des positions de leadership, à travers des avancées créatives et technologiques, ou en tant qu'icônes culturelles, les Dragons ont laissé une marque indélébile sur la société. Leur énergie puissante continue de stimuler le progrès et d'encourager les autres à poursuivre l'excellence, faisant d'eux des contributeurs inestimables au bien-être collectif de l'humanité.

Le Dragon et les Superstitions : Croyances et Rituels Courants

Le Dragon est un symbole de pouvoir, de force et de bon augure. Cette créature majestueuse est profondément ancrée dans le tissu des superstitions et des rituels chinois, incarnant à la fois l'autorité divine et la protection. Son statut vénéré va au-delà du simple symbolisme, influençant de nombreux aspects de la vie quotidienne et de la pratique spirituelle. Cet article explore les superstitions et rituels associés au Dragon, révélant comment cet être mythique façonne les croyances et les pratiques.

La Signification Symbolique du Dragon

Le Dragon est un symbole emblématique dans l'astrologie et le folklore chinois, représentant la force ultime et la chance. Contrairement aux dragons occidentaux, souvent dépeints comme malveillants, le Dragon chinois est perçu comme une créature bienveillante et sage. On croit qu'il contrôle les phénomènes météorologiques, notamment la pluie, essentielle à l'agriculture. À ce titre, les Dragons sont souvent associés à la prospérité et à la croissance, ce qui les rend centraux dans diverses superstitions et rituels.

Superstitions Courantes Impliquant le Dragon

Protection Contre les Esprits Malins

Les Dragons sont considérés comme de puissants protecteurs contre les esprits maléfiques et les énergies négatives. Dans les foyers traditionnels chinois, les motifs de Dragon se trouvent souvent sur les portes, les fenêtres et les amulettes. Ces symboles sont censés éloigner les forces maléfiques et apporter la paix et la sécurité à la maison. De nombreuses familles placent des décorations de Dragon lors des fêtes importantes ou lors de l'emménagement dans une nouvelle maison pour garantir protection et bonne fortune.

Renforcement de la Richesse et de la Prospérité

L'association du Dragon avec la richesse et la prospérité est un aspect significatif des superstitions chinoises. Pendant le Nouvel An lunaire, des danses du Dragon sont organisées pour inviter la chance et éloigner la malchance. Les costumes de Dragon élaborés utilisés lors de ces danses sont censés attirer la richesse et l'abondance. De plus, posséder des objets à thème Dragon, tels que des statues ou des bijoux, est censé améliorer le succès financier et la stabilité.

Feng Shui et Symboles de Dragon

Dans le Feng Shui, le Dragon est un symbole d'énergie propice et est utilisé pour équilibrer et améliorer divers aspects de la vie. Placer une figurine de Dragon dans des zones spécifiques de la maison ou du bureau est censé attirer l'énergie positive et le succès. Par exemple, placer un Dragon dans le secteur Est est censé promouvoir la santé et la vitalité, tandis que le positionner dans le secteur Sud est censé renforcer la renommée et la reconnaissance.

Rituels Associés au Dragon

Fête des Bateaux-Dragons

La Fête des Bateaux-Dragons, célébrée le 5e jour du 5e mois lunaire, est une grande célébration en l'honneur du Dragon. Cette fête est marquée par des courses de bateaux-dragons et la consommation de zongzi, un plat traditionnel de riz gluant. La fête est ancrée dans des traditions anciennes et vise à repousser les esprits maléfiques et à garantir une bonne récolte. Les bateaux-dragons symbolisent la force et la vitalité, reflétant le pouvoir et l'influence du Dragon.

Danse du Dragon

La Danse du Dragon est un rituel important pratiqué lors de diverses célébrations, y compris le Nouvel An lunaire et les mariages. La danse consiste en une équipe de performers maniant un long costume de Dragon pour imiter les mouvements sinueux de la créature. On croit que la Danse du Dragon chasse les esprits malins, apporte la chance et assure une année prospère. Les couleurs vives et les mouvements rythmiques de la danse sont également censés dynamiser l'esprit du Dragon.

Rituels d'Offrande

Dans certaines régions, les gens réalisent des rituels spécifiques pour honorer le Dragon et solliciter ses bénédictions. Ces rituels peuvent inclure des offrandes de nourriture, d'encens et d'autres objets symboliques dans des temples ou des sanctuaires dédiés au Dragon. De telles pratiques ont pour but de montrer respect et gratitude au Dragon tout en recherchant ses faveurs pour le bien-être personnel et communautaire.

Le Dragon dans un Contexte Moderne

Bien que les croyances et pratiques traditionnelles demeurent influentes, le rôle du Dragon dans la société moderne a évolué. Dans des contextes contemporains, le Dragon continue de symboliser la force et la prospérité, mais il est également apprécié pour sa signification esthétique et culturelle. Les interprétations modernes des motifs de Dragon apparaissent dans l'art, la mode et les médias, reflétant un mélange de vénération historique et de créativité contemporaine.

Par exemple, l'imagerie du Dragon est populaire dans la conception de bijoux, la mode et la décoration intérieure, symbolisant l'élégance et le succès. L'influence du Dragon s'étend à divers aspects de la culture populaire, y compris les films, la littérature et le branding, où il représente une fusion de tradition et de modernité.

La présence du Dragon dans les superstitions et les rituels chinois souligne son impact profond sur les croyances et pratiques culturelles. De la protection contre les esprits malins à l'amélioration de la prospérité et du succès, le Dragon est un symbole de pouvoir divin et de bon augure. Son rôle dans les rituels et superstitions met en évidence son importance dans la promotion du bien-être et de la fortune. À mesure que les traditions évoluent, le Dragon continue d'inspirer et d'influencer, reliant la sagesse ancienne à la vie contemporaine.

Les valeurs éthiques du Dragon : Morale et prise de decision

Le Dragon est un parangon de vertu, de pouvoir et d'intégrité. Ce signe vénéré, connu pour sa force et son charisme, incarne également un ensemble de valeurs éthiques qui guident son comportement et sa prise de décision. Comprendre l'approche du Dragon en matière de morale révèle la profondeur de son caractère et les principes qui façonnent ses choix. Cet article explore les valeurs éthiques du Dragon, en se concentrant sur son approche de la morale et la manière dont ces valeurs influencent ses processus décisionnels.

Les valeurs éthiques fondamentales du Dragon

Honneur et intégrité

Le Dragon est profondément attaché à l'honneur et à l'intégrité. Ce signe valorise la véracité et maintient des normes éthiques élevées dans tous les aspects de la vie. Les Dragons sont connus pour leur sens du devoir et de la responsabilité, ce qui les pousse à agir avec équité et honnêteté. Leurs décisions sont souvent guidées par le désir de défendre ces principes, garantissant que leurs actions sont conformes à leurs valeurs morales. Cet engagement envers l'intégrité définit non seulement leur caractère personnel, mais leur permet également de gagner le respect et l'admiration des autres.

Courage et bravoure

Le courage est une caractéristique déterminante du Dragon. Ce signe fait face aux défis et aux obstacles avec bravoure, restant ferme face à l'adversité. Les Dragons ne sont pas facilement influencés par la peur ou la pression ; au contraire, ils affrontent les difficultés de front, guidés par leurs fortes convictions éthiques. Leur bravoure s'étend au-delà des défis physiques pour inclure des dilemmes moraux et éthiques, où ils prennent des décisions fondées sur leurs principes plutôt que par commodité. Ce courage de défendre leurs valeurs conduit souvent les Dragons à prendre des positions audacieuses sur des questions importantes.

Justice et équité

Un sens profond de la justice caractérise l'approche du Dragon en matière de prise de décision. Ce signe est déterminé à s'assurer que tous les individus soient traités de manière équitable et juste. Les Dragons s'efforcent de résoudre les injustices et de défendre les droits des autres, reflétant ainsi leur croyance en l'équité et l'égalité. Leurs décisions sont influencées par le désir de promouvoir la justice et de rectifier les torts, garantissant que leurs actions contribuent à une société plus équilibrée et juste.

Responsabilité et redevabilité

La responsabilité est une valeur centrale pour le Dragon. Ce signe assume la responsabilité de ses actions et de ses décisions, comprenant l'impact qu'elles ont sur les autres. Les Dragons sont responsables de leurs choix, acceptant à la fois les récompenses et les conséquences qui en découlent. Ce sens de la responsabilité s'étend à leur vie personnelle et professionnelle, où ils sont perçus comme des individus fiables et dignes de confiance. Leur engagement envers la redevabilité garantit qu'ils agissent avec considération et respect envers les autres.

Le processus de prise de décision du Dragon

Réflexion et considération

Lorsqu'il est confronté à une décision, le Dragon engage une réflexion approfondie, pesant les résultats potentiels et les implications de ses choix. Cette approche introspective permet aux Dragons d'aligner leurs décisions avec leurs valeurs éthiques, garantissant que leurs actions soient conformes à leurs principes. Ils évaluent soigneusement l'impact de leurs choix sur eux-mêmes et sur les autres, cherchant à prendre des décisions qui respectent leurs normes morales.

Consultation et collaboration

Les Dragons accordent de l'importance aux perspectives et aux idées des autres lorsqu'ils prennent des décisions. Ils recherchent souvent l'avis de conseillers de confiance, de mentors ou de collègues pour avoir une vision plus large de la situation. Cette approche collaborative reflète leur respect pour les points de vue divers et leur engagement à faire des choix éclairés. En prenant en compte différentes perspectives, les Dragons s'assurent que leurs décisions soient bien équilibrées et éthiquement solides.

Équilibrer les intérêts personnels et collectifs

Le processus décisionnel du Dragon consiste à équilibrer ses intérêts personnels avec le bien commun. Bien qu'ils soient guidés par leurs propres valeurs et objectifs, ils prennent également en compte l'impact de leurs décisions sur la communauté au sens large. Cet équilibre garantit que leurs actions contribuent à la fois à l'épanouissement personnel et au bien-être de la société. Les Dragons sont habiles à trouver des solutions qui respectent leurs principes tout en répondant aux besoins et aux préoccupations des autres.

Leadership éthique

En tant que leaders naturels, les Dragons se retrouvent souvent dans des positions où leurs valeurs éthiques influencent la direction de leurs équipes ou de leurs organisations. Leur style de leadership se caractérise par un engagement envers les principes éthiques, établissant un modèle à suivre pour les autres. Les Dragons mènent par l'exemple, faisant preuve d'intégrité, d'équité et de responsabilité dans leurs actions. Leur leadership éthique favorise un environnement positif et guidé par des valeurs, inspirant les autres à défendre des normes similaires.

Défis et croissance

Malgré leurs fortes valeurs éthiques, les Dragons peuvent être confrontés à des défis pour maintenir leurs principes. La pression pour se conformer ou atteindre des objectifs spécifiques peut parfois entrer en conflit avec leurs croyances morales. Naviguer dans ces défis demande au Dragon de rester ferme dans ses valeurs, cherchant des moyens de concilier ses principes avec les exigences extérieures. Ce processus de croissance et d'introspection renforce leur engagement envers leurs valeurs éthiques, améliorant leur capacité à prendre des décisions fondées sur des principes.

Dans les moments de conflit éthique, les Dragons comptent sur leur force intérieure et leur boussole morale pour guider leurs choix. Leur engagement envers l'honneur, la justice et la responsabilité sert de fondement pour naviguer dans des situations complexes. En restant fidèles à leurs valeurs, les Dragons contribuent positivement à leurs communautés et dirigent avec intégrité.

Les valeurs éthiques du Dragon jouent un rôle crucial dans la manière dont il aborde la morale et la prise de décision. L'honneur, le courage, la justice et la responsabilité définissent le caractère du Dragon, influençant ses choix et ses actions. Grâce à la réflexion, à la consultation et au leadership éthique, les Dragons naviguent dans leurs décisions avec un engagement envers leurs principes. Malgré les défis qu'ils peuvent rencontrer, leur dévouement à leurs valeurs garantit qu'ils prennent des décisions conformes à leurs croyances morales. L'approche éthique du Dragon met en évidence son intégrité profonde et l'impact de ses valeurs sur le bien-être personnel et sociétal.

Le voyage à vie du Dragon

Ceux nés sous l'Année du Dragon sont censés posséder un magnétisme naturel, un charisme et un goût de la vie qui les distinguent des autres. Le voyage à vie du Dragon est rempli à la fois de triomphes et de défis, chaque étape de la vie offrant ses propres leçons et expériences uniques. Ce voyage ne concerne pas seulement les réalisations extérieures, mais aussi la croissance intérieure, la transformation et la recherche d'un sens plus profond de la vie.

Les premières années du Dragon : une fondation de force

Les Dragons sont connus pour leur énergie débordante et leur curiosité dès leur jeune âge. Dès leur enfance, ceux nés sous ce signe montrent une grande intelligence et un désir d'explorer le monde qui les entoure. Ce sont des leaders naturels, prenant souvent les commandes dans les activités de groupe ou faisant preuve d'initiative à l'école. Ces premières années sont marquées par un désir intense de connaissances, et les Dragons sont attirés par des activités qui leur permettent d'exprimer leur créativité et leur intelligence.

Pendant l'enfance et l'adolescence, les Dragons peuvent faire face à des défis liés à leur nature déterminée. Leur désir d'exceller peut parfois entraîner des conflits avec des figures d'autorité ou des pairs qui ne comprennent pas leur volonté de perfection. C'est une période où les Dragons apprennent l'importance de la patience et de la diplomatie, des leçons qui leur serviront bien à mesure qu'ils passent à l'âge adulte. Leur détermination et leur confiance peuvent les propulser vers de grandes hauteurs, mais ils doivent aussi apprendre à équilibrer leur nature fougueuse avec l'humilité et la compréhension.

Jeune adulte : l'ascension du Dragon vers le pouvoir

Dans la vingtaine et la trentaine, les Dragons connaissent souvent une période de croissance rapide et de succès. C'est à ce moment de leur vie qu'ils commencent à tracer leur propre chemin dans le monde, utilisant leurs talents naturels pour atteindre des objectifs personnels et professionnels. Les Dragons ne se contentent pas de la médiocrité ; ils visent le sommet dans tous les domaines qu'ils choisissent de poursuivre. Que ce soit dans les affaires, les arts ou le monde académique, les Dragons sont connus pour leur ambition sans relâche et leur capacité à inspirer les autres.

Cette phase du voyage du Dragon est marquée par des décisions audacieuses et des risques calculés. Les Dragons n'ont pas peur de sortir de leur zone de confort et de relever de nouveaux défis. Leur courage et leur charisme attirent souvent des partisans et des mentors qui sont impatients de les aider à réussir. En relations, les Dragons sont des partenaires passionnés et loyaux, bien que leur indépendance puisse parfois créer des tensions si ils ne trouvent pas un équilibre entre leur vie personnelle et romantique.

À ce stade, les Dragons commencent également à réfléchir à leur véritable but dans la vie. Bien que le succès matériel soit important pour eux, ils ne se contentent pas d'accumuler des richesses ou un statut. Les Dragons cherchent à avoir un impact durable sur le monde, que ce soit à travers leur travail, leurs relations ou leurs contributions à la société. Cette période d'introspection est cruciale pour le Dragon, car elle les aide à aligner leurs objectifs avec leurs valeurs et à développer un sentiment d'accomplissement qui va au-delà des réalisations extérieures.

Le milieu de la vie : la période de réflexion et de transformation du Dragon

À mesure que les Dragons entrent dans la quarantaine et la cinquantaine, ils commencent à déplacer leur attention des réussites extérieures vers la croissance intérieure. C'est souvent une période de réflexion, car les Dragons font le point sur leurs succès et leurs échecs passés et réévaluent leurs priorités pour l'avenir. Le milieu de la vie peut être une période de grande transformation pour les Dragons, car ils peuvent se retrouver à remettre en question la direction qu'ils ont prise dans la vie et chercher de nouvelles façons d'exprimer leur veritable soi.

Pour de nombreux Dragons, le milieu de la vie est un moment de réveil spirituel. Ils deviennent plus en harmonie avec leur monde intérieur et peuvent chercher des pratiques telles que la méditation, le yoga ou d'autres formes de découverte de soi. Cette période consiste à trouver un équilibre entre l'énergie ardente du Dragon et le besoin de paix intérieure. C'est aussi un moment où les Dragons peuvent se sentir appelés à redonner à leurs communautés ou à encadrer les générations plus jeunes, en utilisant leur sagesse et leur expérience pour guider les autres dans leurs propres parcours.

Les relations à mi-vie prennent souvent une nouvelle signification pour les Dragons. Ayant passé une grande partie de leurs premières années concentrés sur leurs ambitions personnelles, ils peuvent désormais accorder une priorité aux connexions plus profondes avec la famille, les amis et les partenaires. Les Dragons sont connus pour leur loyauté et leur sens de la protection, et le milieu de la vie leur offre l'opportunité de cultiver ces qualités dans leurs relations les plus proches. En même temps, ils doivent continuer à équilibrer leur indépendance avec les besoins de ceux qu'ils aiment, apprenant à créer l'harmonie dans leur vie personnelle et professionnelle.

Les dernières années : l'héritage et la sagesse du Dragon

Dans leurs dernières années, les Dragons passent à une période de sagesse et de construction de leur héritage. Ayant atteint de nombreux objectifs personnels et professionnels, ils cherchent désormais à laisser une empreinte durable dans le monde. Les Dragons ne se contentent pas de se fondre discrètement dans l'arrière-plan ; ils continuent à inspirer les autres par leur passion et leur leadership, même en vieillissant. Cette étape de la vie consiste à transmettre les leçons qu'ils ont apprises et à s'assurer que leurs contributions soient rappelées bien après leur départ.

Pour les Dragons, le concept d'héritage ne concerne pas seulement la richesse matérielle ou les accomplissements. Il s'agit aussi des valeurs qu'ils ont transmises aux autres, des relations qu'ils ont cultivées et du changement positif qu'ils ont apporté dans le monde. Les Dragons se retrouvent souvent à assumer des rôles de mentors, enseignants ou conseillers, partageant leur savoir et leur expérience avec la prochaine génération. Ils peuvent aussi s'impliquer davantage dans des activités philanthropiques, utilisant leurs ressources et leur influence pour soutenir des causes qui leur tiennent à cœur.

En réfléchissant à leur voyage à vie, les Dragons en viennent à apprécier l'importance de l'équilibre et de la paix intérieure. Tandis que leurs jeunes années étaient marquées par l'ambition et l'énergie, leurs années plus tardives sont axées sur la cultivation du contentement et de la gratitude pour tout ce qu'ils ont accompli. Les Dragons apprennent à embrasser la sagesse qui vient avec l'âge, reconnaissant que le véritable succès ne réside pas seulement dans les réalisations extérieures, mais aussi dans la croissance personnelle et l'accomplissement.

L'évolution spirituelle du Dragon
Tout au long de leur voyage à vie, les Dragons évoluent constamment sur le plan spirituel. Leur nature ardente et leur fort sens du but les poussent à chercher un sens plus profond à la vie. Que ce soit à travers des pratiques spirituelles formelles ou la réflexion personnelle, les Dragons s'efforcent toujours de comprendre leur place dans le monde et les forces supérieures qui agissent dans l'univers.

Pour de nombreux Dragons, la croissance spirituelle consiste à trouver un équilibre entre leur monde intérieur et extérieur. Ils doivent apprendre à tempérer leur intensité naturelle avec patience et pleine conscience, reconnaissant que le véritable pouvoir ne provient pas de la force mais de la sagesse. À mesure qu'ils progressent dans la vie, les Dragons en viennent à comprendre que leur voyage ne consiste pas seulement à atteindre le succès, mais aussi à devenir la meilleure version d'eux-mêmes, tant spirituellement qu'émotionnellement.

Le voyage à vie du Dragon est une quête de transformation, de croissance et de découverte de soi. De leurs premières années d'énergie débordante et d'ambition à leurs dernières années de sagesse et de réflexion, les Dragons évoluent constamment et cherchent de nouveaux défis. Leur passion pour la vie et leur désir de faire une différence dans le monde sont ce qui les définit, et leur héritage est fait de force, de courage et d'inspiration.

À chaque étape de la vie, les Dragons apprennent à équilibrer leur nature ardente avec le besoin de paix intérieure, trouvant l'accomplissement non seulement dans les réalisations extérieures, mais aussi dans la croissance personnelle et l'évolution spirituelle. Le voyage du Dragon est un témoignage de la puissance durable de l'esprit humain, et leur héritage continuera d'inspirer les générations futures bien après qu'ils aient terminé leur propre chemin.

Chapitre 2: Compatibilité

La Compatibilité entre le Dragon et le Rat

La relation entre le Dragon et le Rat est souvent perçue comme une synergie dynamique. Ces deux signes, avec leurs traits et caractéristiques distincts, peuvent former un partenariat puissant et harmonieux. Comprendre la compatibilité entre le Dragon et le Rat nécessite d'explorer leurs attributs uniques et la manière dont ils interagissent.

Caractéristiques du Dragon

Le Dragon est un symbole de force, de courage et de charisme. Connu pour ses qualités de leadership et sa présence dynamique, le Dragon est un leader né avec un penchant pour le drame et l'enthousiasme. Il possède un puissant sens du but et est souvent guidé par ses ambitions et idéaux. Le Dragon est également réputé pour sa générosité et sa capacité à inspirer les autres.

En matière de relations, le Dragon est passionné et dévoué. Il recherche des partenaires capables de rivaliser avec son intensité et de partager sa vision d'avenir. Bien que son assertivité et sa confiance puissent parfois sembler dominantes, son objectif principal est de construire un partenariat significatif et couronné de succès.

Caractéristiques du Rat

Le Rat, quant à lui, se distingue par son intelligence, sa débrouillardise et son adaptabilité. Les Rats sont vifs d'esprit et pragmatiques, dotés d'une capacité innée à résoudre des problèmes et à naviguer dans des situations complexes. Ils sont également reconnus pour leur charme et leurs compétences sociales, qui leur permettent de construire des relations et des réseaux solides.

Dans les relations amoureuses, les Rats sont affectueux et soutenants. Ils attachent de l'importance à la stabilité et à la sécurité et sont souvent attirés par des partenaires qui leur offrent un sentiment de fiabilité. De plus, les Rats sont connus pour leur sens financier et leur approche pratique de la vie, ce qui complète leur nature attentionnée.

Les Forces de la Relation entre le Dragon et le Rat

Traits Complémentaires

Le Dragon et le Rat possèdent des qualités complémentaires qui peuvent créer un partenariat équilibré et dynamique. L'assertivité et la vision du Dragon s'accordent parfaitement avec l'esprit pratique et stratégique du Rat. Ensemble, ils peuvent combiner leurs forces pour atteindre des objectifs communs et surmonter les défis.

La confiance et l'ambition du Dragon sont bien soutenues par la débrouillardise et les capacités de résolution de problèmes du Rat. Cette combinaison leur permet d'aborder des projets ambitieux et de surmonter les obstacles avec une approche stratégique. Leur capacité à se compléter rend leur partenariat efficace et harmonieux.

Respect et Admiration Mutuels
Le Dragon et le Rat développent probablement un profond respect et une admiration mutuelle. Le Dragon est souvent impressionné par l'intelligence et l'adaptabilité du Rat, tandis que le Rat apprécie la force et le charisme du Dragon. Ce respect mutuel constitue une base solide d'appréciation et de compréhension, favorisant une connexion émotionnelle forte.

Cette admiration mutuelle enrichit leur relation, car ils sont susceptibles de se soutenir et de s'encourager mutuellement dans leur croissance personnelle et leurs ambitions. Cette admiration commune contribue à une dynamique positive et enrichissante dans leur partenariat.

Objectifs et Ambitions Partagés

Le Dragon et le Rat partagent une motivation à atteindre leurs objectifs et leurs aspirations. Cette ambition commune peut les unir dans leurs efforts pour créer une vie réussie et épanouissante ensemble. Ils trouvent probablement un terrain d'entente dans leur vision de l'avenir et travaillent en collaboration vers leurs objectifs.

Leurs objectifs communs donnent un sens de but et de direction à leur relation, les motivant à soutenir les rêves et les aspirations de l'autre. Cette convergence dans leurs ambitions renforce leur lien et améliore leur capacité à réussir en équipe.

Énergie Dynamique

Le Dragon et le Rat sont deux signes énergiques et dynamiques, ce qui peut contribuer à une relation vivante et stimulante. L'enthousiasme du Dragon et la vivacité d'esprit du Rat créent un partenariat vibrant et engageant. Leur énergie commune et leur goût pour la vie rendent leur temps ensemble excitant et agréable.

Leurs interactions dynamiques favorisent une résolution créative des problèmes et des approches innovantes face aux défis. L'énergie et l'enthousiasme qu'ils apportent à la relation permettent de la maintenir fraîche et vivifiante.

Défis dans la Relation entre le Dragon et le Rat

Différences dans l'Approche des Conflits

Bien que le Dragon et le Rat possèdent de nombreux traits complémentaires, ils peuvent également rencontrer des difficultés dans leur manière d'aborder les conflits. L'assertivité et les opinions fortes du Dragon peuvent entrer en conflit avec l'approche plus diplomatique et prudente du Rat. Cette divergence dans la gestion des désaccords peut entraîner des malentendus et des tensions si elle n'est pas bien gérée.

Le Dragon peut percevoir l'approche du Rat comme trop passive ou indirecte, tandis que le Rat peut trouver l'assertivité du Dragon écrasante. Une communication efficace et une volonté de comprendre les perspectives de l'autre sont essentielles pour résoudre les conflits et maintenir l'harmonie.

Équilibre entre Ambitions et Pragmatisme

Les grandes ambitions du Dragon et son désir de réussite peuvent parfois s'opposer à la nature pratique et prudente du Rat. Le Dragon peut pousser pour des initiatives audacieuses et risquées, tandis que le Rat peut privilégier une approche plus mesurée et réfléchie. Trouver un équilibre entre les objectifs visionnaires du Dragon et les considérations pratiques du Rat peut représenter un défi.

Pour surmonter cet obstacle, les deux partenaires doivent être ouverts au compromis et chercher des moyens d'intégrer leurs approches divergentes. En travaillant ensemble pour aligner leurs ambitions sur des stratégies pratiques, ils peuvent créer un partenariat harmonieux et fructueux.

Gestion des Dynamiques de Pouvoir
Les qualités naturelles de leader du Dragon peuvent parfois créer des dynamiques de pouvoir dans la relation. La nature plus réservée et adaptable du Rat peut entraîner un déséquilibre si le Dragon domine dans la prise de décisions ou le contrôle. Il est important de veiller à ce que les deux partenaires aient un rôle égal et se sentent valorisés dans la relation afin de maintenir une dynamique saine.

Une communication ouverte et un respect mutuel sont essentiels pour aborder les problèmes liés aux dynamiques de pouvoir. Les deux partenaires doivent s'efforcer de créer un environnement où leurs voix sont entendues et leurs contributions reconnues.

Le Dragon et le Rat partagent une relation dynamique et complémentaire qui peut mener à un partenariat réussi et épanouissant. Leurs forces, telles que le respect mutuel, les ambitions partagées et une énergie dynamique, forment une base solide pour leur connexion. Bien que des défis liés à la résolution des conflits, à l'équilibre des ambitions et à la gestion des dynamiques de pouvoir puissent survenir, ces obstacles peuvent être surmontés grâce à une communication ouverte et une compréhension mutuelle.

La compatibilité entre le Dragon et le Rat met en lumière le potentiel d'une relation vibrante et enrichissante. En tirant parti de leurs traits complémentaires et en affrontant ensemble les défis, ils peuvent construire un partenariat qui favorise à la fois leur épanouissement personnel et leur croissance mutuelle.

Compatibilité entre Dragon et Buffle

En astrologie chinoise, le Dragon et le Buffle sont deux signes zodiacaux puissants, chacun doté de caractéristiques distinctes. Le Dragon est connu pour son charisme, son énergie et son amour de l'excitation, tandis que le Buffle symbolise la force, la détermination et le pragmatisme. À première vue, ces deux signes peuvent sembler être un couple improbable en raison de leurs approches de la vie différentes. Pourtant, lorsque le Dragon et le Buffle s'unissent, ils peuvent former une relation fondée sur le respect mutuel, l'équilibre et des objectifs communs.

Comprendre le Dragon

Les Dragons sont dynamiques, audacieux et intrépides. En tant que signe le plus vénéré du zodiaque chinois, le Dragon est associé au pouvoir, à la passion et au succès. Les Dragons s'épanouissent dans des environnements où ils peuvent prendre les commandes et être au centre de l'attention, affichant souvent une personnalité impressionnante. Ce sont des penseurs visionnaires, toujours tournés vers de nouveaux défis et opportunités. Leur confiance est contagieuse, et ils possèdent une présence magnétique qui attire les autres. En amour, les Dragons sont passionnés et aventureux, recherchant excitation et stimulation.

Malgré leur nature volontaire, les Dragons possèdent aussi un côté sensible. Ils recherchent la reconnaissance et la validation de leurs partenaires, et ils accordent une grande valeur à la loyauté et au soutien. Un Dragon a besoin de quelqu'un capable de suivre son style de vie énergique tout en lui apportant une certaine stabilité lorsque cela est nécessaire.

Comprendre le Buffle

Le Buffle, quant à lui, est connu pour sa nature stable et travailleuse. Contrairement à l'énergie flamboyante du Dragon, le Buffle adopte une approche lente et méthodique de la vie. Fiables, pratiques et profondément engagés dans leurs responsabilités, les Buffles apprécient la tradition, la stabilité et la planification à long terme, adoptant souvent une approche conservatrice dans leur vie personnelle et professionnelle. La patience est l'un de leurs plus grands atouts, et ils prennent rarement des décisions ou des actions sans y réfléchir attentivement.

En amour, les Buffles recherchent la loyauté, l'honnêteté et un partenaire qui partage leurs valeurs d'engagement et de sécurité. Ils ne se laissent pas facilement influencer par des émotions passagères ou des impulsions, préférant bâtir une base solide de confiance et de respect mutuel au fil du temps. Une fois engagés dans une relation, ils sont fiables et constants.

Les Dynamiques de Compatibilité entre Dragon et Buffle

Bien que les Dragons et les Buffles aient des personnalités distinctes, leurs différences peuvent créer une relation complémentaire et équilibrée. Le Dragon apporte de l'excitation, de la spontanéité et de la passion dans la vie du Buffle, tandis que le Buffle offre un ancrage, de la stabilité et une sécurité émotionnelle au Dragon. Ensemble, ils peuvent former un partenariat solide qui allie le meilleur des deux mondes.

Valeurs et Objectifs Partagés

Un facteur clé de la compatibilité entre le Dragon et le Buffle réside dans leur ambition et leur détermination communes. Les deux signes sont travailleurs et orientés vers les objectifs, et ils tirent une grande fierté de leurs réalisations. Bien qu'ils puissent aborder leurs objectifs différemment, ils partagent une même volonté de réussir et sont prêts à faire des efforts pour réaliser leurs rêves. Cette ambition commune peut constituer une base solide pour leur relation, car ils apprécient tous deux la valeur de la dévotion et de la persévérance.

La nature pragmatique du Buffle peut aider le Dragon à transformer ses idées ambitieuses en résultats concrets. Les Buffles excellent dans l'organisation et la planification, ce qui peut compléter la pensée visionnaire du Dragon. En travaillant ensemble, ils peuvent former une équipe dynamique qui allie créativité et pragmatisme, garantissant que leurs projets communs soient à la fois innovants et réalisables.

Équilibrer Passion et Stabilité
L'une des différences les plus marquantes entre le Dragon et le Buffle réside dans leur approche des émotions et des relations. Le Dragon est fougueux et passionné, recherchant souvent excitation et stimulation dans ses relations amoureuses. En revanche, le Buffle privilégie la stabilité émotionnelle et la constance. Ces besoins contrastés peuvent parfois créer des tensions, notamment si le Dragon a l'impression que la relation devient trop prévisible ou si le Buffle se sent dépassé par l'intensité du Dragon.

En dépit de ces différences, avec une communication ouverte et un respect mutuel, le Dragon et le Buffle peuvent apprendre à s'adapter aux besoins de l'autre, construisant ainsi une relation harmonieuse et durable.

Pourtant, cette dynamique peut également jouer en leur faveur. La nature stable et fiable du Buffle peut offrir au Dragon un sentiment de sécurité et d'ancrage émotionnel, tandis que la passion du Dragon peut apporter excitation et aventure dans la vie du Buffle. En apprenant à apprécier les forces de l'autre, ils peuvent trouver un équilibre qui satisfait les deux partenaires. Le Buffle peut rappeler au Dragon l'importance de la patience et de l'engagement à long terme, tandis que le Dragon peut encourager le Buffle à sortir de sa zone de confort et à embrasser de nouvelles expériences.

Défis à Surmonter

Bien que le Dragon et le Buffle puissent se compléter de nombreuses façons, certains défis potentiels devront être surmontés. La nature impulsive du Dragon peut entrer en conflit avec la préférence du Buffle pour une planification prudente et la stabilité. Les Dragons ont tendance à agir selon leurs instincts et à saisir les nouvelles opportunités sans hésitation, tandis que les Buffles préfèrent prendre leur temps et évaluer toutes les options avant de prendre des décisions. Cette différence d'approche peut conduire à des frustrations si elle n'est pas abordée ouvertement.

Le désir du Dragon de reconnaissance et d'attention peut également être en décalage avec la nature plus réservée et introvertie du Buffle. Alors que le Dragon aime être au centre de l'attention, le Buffle se satisfait d'une vie plus calme et privée. Si le Dragon a l'impression que son besoin d'excitation et d'interactions sociales n'est pas comblé, il peut devenir agité. À l'inverse, le Buffle peut parfois trouver la nature extravertie du Dragon accablante et épuisante.

La communication et le compromis sont essentiels pour que le Dragon et le Buffle surmontent ces différences. En reconnaissant les besoins de l'autre et en trouvant des moyens d'y répondre, ils peuvent éviter les malentendus et créer une relation harmonieuse. Le Dragon devra apprendre à apprécier le rythme posé du Buffle, tandis que le Buffle devra embrasser le désir du Dragon de spontanéité et d'aventure.

Construire une Relation Durable

Pour que le Dragon et le Buffle construisent une relation réussie et durable, le respect mutuel est essentiel. Le Dragon doit reconnaître et apprécier la force, la fiabilité et le soutien indéfectible du Buffle. En retour, le Buffle doit admirer le courage, la créativité et la passion du Dragon pour la vie. En valorisant les qualités uniques de l'autre, ils peuvent former un lien solide basé sur la confiance et l'admiration.

Il est également important pour le Dragon et le Buffle de trouver un terrain d'entente dans leurs intérêts et leurs valeurs communs. Bien que leurs personnalités puissent différer, ils partagent tous deux un fort sens de la loyauté et de l'engagement envers leur partenaire. Ils sont prêts à travailler dur pour faire fonctionner leur relation et sont fiers de créer ensemble une vie stable et épanouissante.

La compatibilité entre le Dragon et le Buffle est un mélange d'opposés qui peut aboutir à une relation équilibrée et harmonieuse. Bien qu'ils puissent faire face à des défis en raison de leurs personnalités contrastées, leur ambition partagée, leur détermination et leur loyauté offrent une base solide pour réussir. En embrassant les forces de l'autre et en apprenant à naviguer dans leurs différences avec patience et compréhension, le Dragon et le Buffle peuvent construire une relation à la fois passionnante et durable. Ensemble, ils ont le potentiel d'accomplir de grandes choses, à la fois en tant qu'individus et en tant que couple, créant un partenariat qui s'épanouit grâce au respect mutuel, à l'équilibre et aux objectifs communs.

La Compatibilité entre le Dragon et le Tigre

Le Dragon et le Tigre sont deux signes du zodiaque puissants et charismatiques, chacun connu pour sa force, son ambition et son courage. Lorsque ces deux-là se rencontrent, une attraction magnétique indéniable s'installe, mais leur relation peut aussi être dynamique, intense et remplie d'excitation. Ces deux signes débordent d'énergie, et leur compatibilité repose sur leur capacité à gérer leurs fortes personnalités et leur besoin commun d'aventure.

La Nature du Dragon

Le Dragon est souvent considéré comme l'un des signes les plus auspiciés du zodiaque chinois. Ceux qui sont nés sous ce signe se distinguent par leur confiance, leur charisme et leurs qualités de leader. Ce sont des leaders-nés qui s'efforcent toujours d'être au premier plan dans leur carrière, leurs relations et leur développement personnel. Les Dragons ont tendance à être idéalistes, avec des attentes élevées envers eux-mêmes et les autres, ce qui peut parfois entraîner de la frustration lorsque les choses ne correspondent pas à leurs grandes visions. Pourtant, leur personnalité magnétique attire facilement les autres.

Le Dragon est également reconnu pour son indépendance farouche. Les personnes nées sous ce signe tiennent à leur liberté et préfèrent souvent tracer leur propre chemin plutôt que de suivre celui des autres. Leur détermination et leur résilience leur permettent de surmonter les défis, ce qui fait d'eux des individus non seulement passionnés mais aussi extrêmement accomplis dans de nombreux domaines de la vie.

La Nature du Tigre

Comme le Dragon, le Tigre est une force avec laquelle il faut compter. Les Tigres sont audacieux, intrépides et farouchement indépendants. Ils sont motivés par leurs ambitions et s'épanouissent dans des situations qui leur permettent d'exprimer leur individualité. Les Tigres remettent souvent en question le statu quo, n'ayant pas peur de prendre des risques et de briser les barrières pour atteindre leurs objectifs. À l'instar des Dragons, les Tigres sont des leaders-nés, bien qu'ils aient une nature plus rebelle, ce qui peut conduire à des conflits si leurs opinions fortes ne sont pas respectées.

Les Tigres sont également connus pour leur charme et leur passion, qui les rendent extrêmement séduisants. Leur soif de vivre est contagieuse, et ils possèdent une capacité unique à inspirer ceux qui les entourent. Pourtant, sous leur extérieur confiant, les Tigres peuvent être sensibles et recherchent une profondeur émotionnelle dans leurs relations. Ils accordent une grande importance à la loyauté et attendent le même niveau de dévouement de leurs partenaires.

L'Attraction Initiale entre le Dragon et le Tigre

Lorsque le Dragon et le Tigre se rencontrent pour la première fois, l'attraction est instantanée. Ces deux signes très charismatiques partagent une passion pour la vie qui peut créer un lien immédiat. Ils sont attirés par la force, l'indépendance et la confiance de l'autre. Les Dragons sont fascinés par la nature rebelle du Tigre, tandis que les Tigres admirent l'idéalisme et la personnalité flamboyante du Dragon.

L'excitation dans leur relation provient de leur admiration mutuelle et du défi qu'ils représentent l'un pour l'autre. Aucun des deux signes n'est facilement intimidé, ce qui crée une dynamique intrigante où chacun a l'impression d'avoir trouvé un véritable égal. Leurs interactions sont souvent marquées par des débats animés, des discussions intellectuelles et des échanges passionnés. Leur relation est rarement monotone, car ils se poussent mutuellement à devenir la meilleure version d'eux-mêmes.

Forces Partagées

Le Dragon et le Tigre partagent plusieurs forces qui peuvent rendre leur relation non seulement compatible mais aussi profondément épanouissante.

Ambition Commune

Les deux signes sont ambitieux et orientés vers leurs objectifs, ce qui les pousse à se soutenir mutuellement dans leurs rêves et aspirations. Cette motivation partagée peut créer un partenariat puissant, tant sur le plan personnel que professionnel, car ils travaillent ensemble pour atteindre leurs objectifs.

Amour de l'Aventure

Le Dragon et le Tigre partagent une passion pour l'aventure et les nouvelles expériences. Aucun des deux ne supporte une vie routinière, et leur relation est souvent pleine d'excitation et de spontanéité. Ils s'épanouissent dans le changement et, ensemble, ils sont susceptibles d'explorer de nouveaux horizons, que ce soit à travers des voyages, des changements de carrière ou des projets créatifs. Cette stimulation constante maintient leur relation fraîche et dynamique.

Respect pour l'Indépendance

Les Dragons et les Tigres accordent une grande valeur à leur liberté et comprennent l'importance de l'espace personnel dans une relation. Cette compréhension mutuelle leur permet de se donner l'espace nécessaire pour grandir individuellement, ce qui peut conduire à une relation plus saine et équilibrée.

Défis Potentiels

Bien que le Dragon et le Tigre partagent de nombreuses forces, leur relation n'est pas sans défis. Ces deux signes ont des personnalités fortes, et des conflits peuvent survenir lorsqu'ils s'opposent. L'idéalisme du Dragon peut parfois entrer en conflit avec la nature plus rebelle du Tigre, entraînant des désaccords sur la manière d'aborder certaines situations. Les Dragons peuvent se sentir frustrés si les méthodes peu conventionnelles du Tigre ne correspondent pas à leurs grandes visions.

En outre, les deux signes ont tendance à être quelque peu têtus. Les Dragons sont connus pour leur détermination, et les Tigres ne se laissent pas facilement influencer. Cela peut entraîner des luttes de pouvoir au sein de la relation, en particulier lorsqu'il s'agit de prendre des décisions ou d'assumer le leadership. Si aucun des partenaires n'est prêt à faire des compromis, les tensions peuvent s'intensifier.

La communication peut également être une source de tension. Bien que le Dragon et le Tigre soient d'excellents communicateurs, leur passion intense peut parfois provoquer des malentendus. Les Dragons, avec leur esprit idéaliste, peuvent attendre plus de leur partenaire que ce que le Tigre est prêt à offrir, tandis que les Tigres peuvent se sentir limités par les attentes du

Dragon. Apprendre à gérer ces différences dans leurs styles de communication est crucial pour que la relation prospère.

Trouver l'équilibre entre indépendance et complicité

L'un des aspects les plus importants d'une relation Dragon-Tigre est de trouver le juste équilibre entre indépendance et complicité. Les deux signes attachent une grande importance à leur liberté, tout en aspirant à des connexions émotionnelles profondes. Trouver cet équilibre peut être difficile, mais c'est essentiel pour maintenir une relation saine.

Le Dragon et le Tigre doivent apprendre à respecter le besoin d'indépendance de chacun tout en nourrissant leur lien émotionnel. Cela peut être accompli en établissant des limites claires et en maintenant une communication ouverte. Chaque partenaire doit se sentir à l'aise d'exprimer ses besoins sans crainte de jugement ou de rejet.

Dans le même temps, il est important pour le Dragon et le Tigre de créer des moments de proximité et d'intimité. Malgré leurs fortes personnalités, les deux signes sont capables de connexions émotionnelles profondes et doivent consacrer du temps l'un à l'autre au milieu de leurs vies bien remplies et ambitieuses. En renforçant leur lien émotionnel, le Dragon et le Tigre peuvent consolider leur relation et créer un partenariat plus harmonieux.

Le potentiel à long terme

À long terme, le Dragon et le Tigre ont le potentiel de créer une relation puissante et dynamique. Leur ambition commune, leur passion et leur respect pour l'indépendance les rendent particulièrement compatibles. Lorsqu'ils travaillent ensemble, ils peuvent accomplir de grandes choses, que ce soit dans leur vie personnelle ou professionnelle.

La clé de leur succès réside dans leur capacité à surmonter leurs différences et à embrasser les forces de l'autre. En mettant l'accent sur le respect mutuel, une communication ouverte et un équilibre entre leurs besoins respectifs, le Dragon et le Tigre peuvent bâtir une relation à la fois passionnante et profondément épanouissante. Leur relation n'est pas exempte de défis, mais avec des efforts et une compréhension mutuelle, ils peuvent créer un lien durable qui fait ressortir le meilleur chez chacun.

La compatibilité entre le Dragon et le Tigre en astrologie chinoise est un mélange fascinant d'excitation, de défis et de croissance. Les deux signes sont farouchement indépendants, charismatiques et animés par leurs ambitions, ce qui rend leur relation pleine de passion et d'aventures. Bien qu'ils puissent faire face à des défis en raison de leurs fortes personnalités et de leurs approches différentes, leurs forces communes et leur respect mutuel peuvent créer un partenariat profondément épanouissant et dynamique.

Lorsque le Dragon et le Tigre se réunissent, ils ont le potentiel de s'inspirer mutuellement pour atteindre de nouveaux sommets, faisant de leur relation une histoire remplie d'excitation, de passion et de croissance mutuelle. Avec une communication ouverte et un effort pour équilibrer indépendance et complicité, le Dragon et le Tigre peuvent créer un lien puissant et durable.

La Compatibilité entre le Dragon et le Lapin

Pour ceux qui s'y connaissent, le Dragon et le Lapin représentent deux énergies et personnalités très différentes. Le Dragon est ardent, confiant et magnétique, tandis que le Lapin est doux, prudent et diplomate. Cette relation est souvent perçue comme une alliance de contrastes, où chaque partenaire peut révéler chez l'autre des qualités qui, autrement, resteraient inexploitées. Leur compatibilité repose sur leur capacité à apprécier et équilibrer ces différences, créant ainsi une dynamique qui leur permet de se compléter dans leurs forces et leurs faiblesses.

La Nature du Dragon

Le Dragon est l'un des signes les plus puissants et les plus auspiceux du zodiaque chinois. Les personnes nées sous ce signe sont des leaders naturels, débordants de confiance et de charisme. Les Dragons prospèrent face aux défis et sont animés par l'ambition, cherchant toujours de nouvelles opportunités pour réussir. Leur présence attire l'attention, et ils sont connus pour leur intrépidité, plongeant souvent tête baissée dans des situations que d'autres éviteraient.

Les Dragons sont très indépendants et attachent une grande importance à leur liberté. Ils préfèrent diriger plutôt que suivre et sont souvent attirés par des positions d'influence. Leur énergie débordante et leur enthousiasme peuvent inspirer ceux qui les entourent, bien que leur détermination et leur caractère bien trempé puissent parfois être perçus comme autoritaires. Si les Dragons sont passionnés et placent souvent la barre haut pour eux-mêmes et leurs partenaires, ils ont également un côté plus tendre, recherchant admiration et loyauté auprès de leurs proches.

La Nature du Lapin

En contraste avec l'audace du Dragon, le Lapin est connu pour sa grâce tranquille et sa diplomatie. Les Lapins sont doux, réfléchis et très sensibles aux besoins des autres. Ils sont souvent considérés comme des pacificateurs, capables de désamorcer les tensions et de créer l'harmonie dans leurs relations. Bien qu'ils ne soient pas aussi ouvertement ambitieux que le Dragon, les Lapins possèdent une détermination discrète et une grande intelligence qui leur permettent d'atteindre le succès à leur manière.

Les Lapins sont également connus pour leur nature prudente. Ils préfèrent éviter les conflits et prennent souvent leur temps pour prendre des décisions, en pesant soigneusement toutes les options avant de s'engager dans une voie. Cette approche réfléchie peut être une source de stabilité dans leurs relations, car ils sont des partenaires fiables et loyaux. Bien que les Lapins puissent sembler réservés, ils sont profondément compatissants et recherchent une sécurité émotionnelle dans leurs relations.

L'Attirance Initiale entre le Dragon et le Lapin

À première vue, le Dragon et le Lapin peuvent sembler être un couple improbable en raison de leurs personnalités contrastées. L'audace du Dragon et la nature réservée du Lapin peuvent susciter une curiosité et une intrigue mutuelles. Le Dragon est souvent attiré par l'élégance tranquille et la profondeur émotionnelle du Lapin, tandis que le Lapin peut trouver la confiance et la passion du Dragon fascinantes.

Cette attirance initiale repose souvent sur les qualités complémentaires que chaque signe apporte à la relation. L'énergie dynamique du Dragon peut aider à sortir le Lapin de sa coquille, l'encourageant à prendre plus de risques et à embrasser les aventures de la vie. Pendant ce temps, le calme et la réflexion du Lapin peuvent offrir une influence apaisante au Dragon, lui apportant un équilibre émotionnel et une stabilité.

Forces Partagées

Malgré leurs différences, le Dragon et le Lapin partagent plusieurs forces qui peuvent rendre leur relation harmonieuse. Les deux signes sont très intelligents et capables de créer des connexions émotionnelles profondes, ce qui leur permet de se comprendre à un niveau profond. Leur respect mutuel pour les forces de chacun peut instaurer un équilibre dans la relation, où chaque partenaire se sent valorisé et apprécié pour ce qu'il est.

Le Dragon et le Lapin partagent également un désir de loyauté et d'engagement dans leurs relations. Alors que le Dragon exprime ce désir par de grands gestes et des démonstrations passionnées d'affection, le Lapin montre sa dévotion à travers de petites attentions réfléchies. Cet engagement commun à maintenir un lien émotionnel fort peut les aider à construire une relation durable et significative.

Les deux signes apprécient également la beauté et le raffinement, bien que de différentes manières. Le Dragon aime être au centre de l'attention et s'entoure de luxe et de grandeur, tandis que le Lapin a une appréciation plus discrète pour l'élégance et l'esthétique. Ensemble, ils peuvent créer une relation à la fois vibrante et harmonieuse, mêlant l'amour du Dragon pour l'excitation au besoin de tranquillité du Lapin.

Les Défis Potentiels

Malgré la solide base qui peut exister entre le Dragon et le Lapin, leurs différences peuvent également poser des défis. La personnalité fougueuse du Dragon peut parfois submerger le Lapin, qui préfère un rythme de vie plus paisible et stable. Les Dragons, spontanés et désireux de relever de nouvelles aventures, peuvent ressentir de la frustration si le Lapin, plus prudent, prend du temps pour s'adapter aux changements.

De plus, la nature dominante du Dragon peut parfois entrer en conflit avec l'approche plus passive du Lapin en matière de résolution des conflits. Les Dragons, directs et assertifs, cherchent souvent à régler les problèmes de manière frontale, tandis que les Lapins préfèrent éviter les confrontations autant que possible. Cette différence dans les styles de communication peut entraîner des malentendus, surtout si le Dragon estime que le Lapin n'est pas suffisamment franc, ou si le Lapin perçoit le Dragon comme étant trop agressif.

Le compromis est essentiel dans cette relation, car les deux signes doivent apprendre à naviguer dans leurs tempéraments contrastés. Le Dragon devra faire preuve de patience et de retenue, en laissant au Lapin le temps et l'espace nécessaires pour prendre des décisions et exprimer ses émotions. En retour, le Lapin devra être prêt à sortir de sa zone de confort, en répondant au besoin du Dragon d'excitation et d'aventure sans sacrifier son propre équilibre.

Équilibrer Indépendance et Intimité

Un des principaux défis pour le Dragon et le Lapin réside dans l'équilibre entre leur besoin d'indépendance et leur désir d'intimité. Le Dragon valorise sa liberté et cherche souvent à préserver une certaine autonomie dans ses relations. Bien qu'il soit profondément loyal envers ses partenaires, le Dragon peut devenir agité s'il se sent confiné ou restreint.

Le Lapin, en revanche, aspire à une sécurité émotionnelle et peut avoir besoin de plus de réassurance que le Dragon n'en offre naturellement. Les Lapins recherchent souvent un partenaire capable de leur apporter stabilité et constance, ce qui peut parfois entrer en conflit avec le besoin d'indépendance du Dragon. Pour que cette relation prospère, le Dragon devra apprendre à offrir au Lapin le soutien émotionnel dont il a besoin, tandis que le Lapin devra respecter le besoin du Dragon d'espace et d'individualité.

En trouvant un équilibre entre indépendance et intimité, le Dragon et le Lapin peuvent créer une relation où les deux partenaires s'épanouissent. Le Dragon peut aider le Lapin à avoir plus confiance en lui pour prendre des risques et embrasser de nouvelles expériences, tandis que le Lapin peut offrir au Dragon un ancrage émotionnel qui l'aide à rester concentré sur ses objectifs à long terme.

Le Potentiel à Long Terme

À long terme, le Dragon et le Lapin ont le potentiel de construire une relation profondément épanouissante et harmonieuse. Bien que leurs différences puissent poser des défis, ces mêmes différences peuvent également apporter équilibre et croissance au partenariat. La passion et l'énergie du Dragon peuvent inspirer le Lapin à être plus aventureux, tandis que la nature calme et réfléchie du Lapin peut aider le Dragon à trouver stabilité et sérénité.

Les deux signes doivent être prêts à s'adapter et à faire des compromis pour maintenir une relation saine et équilibrée. Une communication ouverte et un respect mutuel sont essentiels pour naviguer dans les complexités de leurs tempéraments différents. En se concentrant sur leurs forces communes et en surmontant leurs défis, le Dragon et le Lapin peuvent construire une relation à la fois dynamique et profondément significative.

La compatibilité entre le Dragon et le Lapin en astrologie chinoise est un mélange unique d'énergies contrastées qui, lorsqu'elles sont équilibrées, peuvent créer une relation harmonieuse et épanouissante. L'audace et la passion du Dragon complètent la nature douce et diplomatique du Lapin, permettant à chaque partenaire de révéler le meilleur de l'autre. Bien que leurs différences puissent présenter des défis, ces mêmes différences peuvent également conduire à une croissance et à une compréhension mutuelle.

En embrassant les forces de l'autre et en apprenant à naviguer dans leurs différences avec patience et compassion, le Dragon et le Lapin peuvent créer une relation à la fois passionnante et nourrissante. Avec une communication ouverte, un respect mutuel et un engagement à équilibrer indépendance et intimité, le Dragon et le Lapin ont le potentiel de construire un partenariat durable et significatif.

La Compatibilité Entre Dragon et Dragon

Quand deux Dragons se rencontrent dans une relation, cela donne souvent lieu à une union puissante et dynamique. Le Dragon est l'un des signes les plus ambitieux et charismatiques du zodiaque chinois, connu pour sa confiance, sa passion et ses qualités de leader. Lorsque les deux partenaires partagent ces traits, leur relation est généralement marquée par l'intensité, l'énergie et une admiration mutuelle. En revanche, cette combinaison peut également engendrer des luttes de pouvoir, car les deux Dragons sont indépendants et dotés d'un fort caractère. La clé pour qu'une relation entre deux Dragons fonctionne réside dans l'équilibre, le respect mutuel et la volonté de faire des compromis.

La Nature du Dragon

Dans l'astrologie chinoise, le Dragon est souvent considéré comme le signe le plus puissant et le plus prometteur. Les personnes nées sous ce signe sont reconnues pour leur confiance, leurs capacités de leader et leur fort sens d'eux-mêmes. Les Dragons sont des leaders nés qui aspirent à réussir dans tous les aspects de leur vie, que ce soit dans leur carrière, leurs relations ou leurs projets personnels. Ils sont très indépendants et préfèrent tracer leur propre chemin, se fixant souvent des objectifs ambitieux et travaillant sans relâche pour les atteindre.

Les Dragons sont également passionnés et débordants d'énergie. Ils s'épanouissent dans des environnements où ils peuvent s'exprimer librement et poursuivre leurs rêves sans restriction. Leurs personnalités magnétiques attirent les autres, et ils aiment souvent être au centre de l'attention. Cependant, leurs standards élevés et leur farouche indépendance peuvent parfois les rendre exigeants ou dominateurs. Les Dragons attendent beaucoup d'eux-mêmes et des autres, ce qui peut poser des défis dans les relations si cela n'est pas bien géré.

L'Attraction Initiale Entre Deux Dragons

Lorsque deux Dragons se rencontrent, l'attraction initiale est souvent immédiate et intense. Les deux partenaires sont séduits par le charisme, la confiance et l'ambition de l'autre. Ils reconnaissent en l'autre les qualités qu'ils admirent en eux-mêmes, ce qui crée un profond respect et une admiration mutuels. Leur désir commun de réussir et leur passion pour la vie peuvent donner l'impression qu'ils ont trouvé un partenaire qui comprend véritablement et complète leurs aspirations.

La relation entre deux Dragons est susceptible d'être remplie d'excitation et d'aventure. Les deux partenaires sont spontanés et aiment prendre des risques, que ce soit dans leur vie personnelle ou professionnelle. Leur amour commun pour l'excitation et le défi peut créer un partenariat dynamique où chacun pousse l'autre à atteindre plus et à explorer de nouvelles possibilités. Ensemble, ils peuvent accomplir de grandes choses et s'inspirer mutuellement pour atteindre de nouveaux sommets.

Forces Partagées

L'une des plus grandes forces d'une relation entre deux Dragons est la profonde compréhension qu'ont les deux partenaires des désirs et des motivations de l'autre. Les deux Dragons sont ambitieux, motivés et passionnés, ce qui signifie qu'ils sont susceptibles de soutenir les objectifs de l'autre et de s'encourager mutuellement à viser l'excellence. Cette ambition partagée peut faire d'eux une équipe redoutable, tant dans leur vie personnelle que dans leurs projets communs.

L'énergie et l'enthousiasme que les Dragons apportent à leurs relations peuvent également créer un lien émotionnel fort. Les deux partenaires sont susceptibles d'être expressifs et ouverts sur leurs sentiments, ce qui peut mener à un profond sentiment de connexion et d'intimité. Leur passion pour la vie et l'un pour l'autre peut maintenir la relation excitante et vibrante, car ils trouvent constamment de nouvelles façons de se défier et de s'inspirer mutuellement.

De plus, les deux Dragons valorisent l'indépendance, ce qui peut être un atout dans la relation. Ils comprennent le besoin de liberté personnelle de l'autre et sont susceptibles de se donner l'espace nécessaire pour poursuivre leurs intérêts et ambitions individuels. Ce respect mutuel pour l'indépendance permet aux deux Dragons de maintenir leurs propres identités tout en bâtissant un partenariat solide et solidaire.

Défis Potentiels

Bien que la relation entre deux Dragons puisse être remplie d'excitation et de passion, elle n'est pas sans défis. L'un des plus grands problèmes potentiels est la possibilité de luttes de pouvoir. Les deux Dragons sont des leaders naturels qui préfèrent contrôler les situations, ce qui peut entraîner des conflits lorsque ni l'un ni l'autre ne veut céder ou faire de compromis. Les fortes personnalités des deux Dragons peuvent parfois entrer en conflit, notamment lorsqu'il s'agit de prendre des décisions ou d'établir une domination dans la relation.

Les Dragons sont également connus pour leur fierté et leur entêtement. Cela peut rendre difficile pour eux d'admettre leurs torts ou de renoncer à un argument. Dans une relation où les deux partenaires partagent ces traits, de petits désaccords peuvent se transformer en conflits majeurs si aucun des deux Dragons n'est prêt à faire des compromis. Avec le temps, ces luttes de pouvoir peuvent mettre à mal la relation si elles ne sont pas résolues par une communication ouverte et une volonté de trouver un terrain d'entente.

L'intensité émotionnelle : Un défi à surmonter

Un autre défi dans une relation entre deux Dragons est le risque que l'intensité émotionnelle devienne accablante. Bien que les deux partenaires soient passionnés et expressifs, leurs fortes émotions peuvent parfois engendrer de la volatilité. Les Dragons sont connus pour leur tempérament fougueux, et lorsqu'ils sont en couple, cette intensité peut donner lieu à des disputes houleuses et des débordements émotionnels. Gérer ces émotions intenses est essentiel pour maintenir l'harmonie et éviter des confrontations destructrices.

Trouver un équilibre entre pouvoir et coopération

Pour qu'une relation entre deux Dragons réussisse, les deux partenaires doivent apprendre à équilibrer leurs fortes personnalités et trouver des moyens de coopérer plutôt que de rivaliser. Cela exige un respect mutuel et une compréhension profonde des forces et des faiblesses de chacun. Plutôt que de chercher à se surpasser ou à asseoir leur domination, les deux Dragons doivent travailler ensemble en équipe, reconnaissant que leurs efforts conjoints peuvent aboutir à bien plus que leurs ambitions individuelles.

La communication ouverte est essentielle pour naviguer les défis d'une relation entre deux Dragons. Les deux partenaires doivent être prêts à exprimer leurs besoins et leurs préoccupations sans crainte de jugement ou de conflit. En maintenant une communication claire et honnête, les Dragons peuvent éviter les malentendus et s'assurer que les deux se sentent entendus et valorisés dans la relation.

Apprendre à faire des compromis est également indispensable. Bien que les Dragons soient naturellement indépendants et préfèrent garder le contrôle, ils doivent reconnaître qu'une relation réussie nécessite des concessions mutuelles. Que ce soit dans la prise de décisions, le soutien émotionnel ou les interactions quotidiennes, les deux partenaires doivent être prêts à faire des efforts pour le bien de leur relation. En trouvant un équilibre entre leurs désirs personnels et les besoins de leur couple, deux Dragons peuvent construire un partenariat harmonieux et épanouissant.

Équilibrer indépendance et intimité

Les deux Dragons accordent une grande valeur à leur indépendance, ce qui peut représenter à la fois une force et un défi dans leur relation. D'un côté, leur respect mutuel pour la liberté personnelle leur permet de conserver leurs identités propres et de poursuivre leurs objectifs individuels sans se sentir limités. D'un autre côté, si les deux partenaires deviennent trop concentrés sur leurs ambitions personnelles, ils risquent de négliger l'intimité émotionnelle et la connexion essentielle à une relation solide.

Pour maintenir un équilibre sain entre indépendance et intimité, les deux Dragons doivent s'efforcer de nourrir leur lien émotionnel. Bien qu'il soit important pour chacun de poursuivre ses propres intérêts, il est tout aussi crucial de créer des moments de proximité et des expériences partagées. Cela peut être accompli par une communication régulière, des moments de qualité passés ensemble et des gestes d'affection qui renforcent leur connexion émotionnelle. En équilibrant leur besoin d'indépendance avec leur désir d'intimité, deux Dragons peuvent bâtir une relation permettant à chacun de s'épanouir individuellement tout en créant un lien fort et solidaire.

Le potentiel à long terme

À long terme, une relation entre deux Dragons a le potentiel d'être à la fois puissante et profondément épanouissante. Lorsque deux Dragons se réunissent, ils forment un partenariat rempli d'excitation, de passion et de respect mutuel. Leur ambition et leur dynamisme communs peuvent conduire à de grands succès dans leurs vies personnelles et professionnelles, et leur forte connexion émotionnelle peut offrir un profond sentiment de satisfaction.

La clé pour maintenir une relation réussie à long terme entre deux Dragons réside dans leur capacité à gérer leurs fortes personnalités et à trouver un équilibre. En privilégiant la coopération plutôt que la compétition, en apprenant à faire des compromis et en nourrissant leur lien émotionnel, les deux Dragons peuvent créer une relation à la fois dynamique et harmonieuse.

La compatibilité entre deux Dragons dans l'astrologie chinoise représente une combinaison unique d'ambition, de passion et d'énergie partagées. Bien que leurs fortes personnalités et leur indépendance puissent engendrer des défis, ces mêmes qualités peuvent également créer un partenariat puissant et inspirant.

En maintenant une communication ouverte, en apprenant à faire des concessions et en renforçant leur connexion émotionnelle, deux Dragons peuvent construire une relation durable et significative qui fait ressortir le meilleur chez chacun des partenaires. Leur soif commune de réussite et leur amour de l'aventure peuvent mener à un partenariat dynamique et passionnant, capable d'accomplir de grandes choses, individuellement et ensemble.

La Compatibilité entre le Dragon et le Serpent

Feu et étincelles à profusion. L'union entre le Dragon et le Serpent peut créer une relation pleine d'intrigue, de passion et de compréhension profonde. Ces deux signes, puissants et magnétiques, possèdent des approches de la vie qui diffèrent mais se complètent. Le Dragon est audacieux, dynamique et orienté vers l'action, tandis que le Serpent est sage, stratégique et avance avec une précision calculée. Ensemble, ils forment une union unique et équilibrée, capable d'accomplir de grandes choses à condition de naviguer avec soin dans leurs différences.

La Nature du Dragon

Les Dragons sont connus pour leur charisme, leur confiance en eux et leur énergie débordante. Les natifs de ce signe sont des leaders naturels, attirés par l'excitation et les nouveaux défis. Ils ont une capacité innée à inspirer les autres et prennent souvent les commandes dans n'importe quelle situation. Ambitieux, les Dragons prospèrent dans la réussite et recherchent constamment de nouvelles opportunités pour démontrer leurs compétences et atteindre leurs objectifs.

Cependant, les Dragons peuvent aussi être têtus et affirmés. Leur détermination et leur nature résolue peuvent parfois les rendre dominants, notamment lorsqu'ils se passionnent pour une cause ou un objectif particulier. Ils n'hésitent pas à prendre des risques et sont connus pour leur capacité à affronter les problèmes de front. Bien que leur tempérament fougueux puisse provoquer des conflits occasionnels, leur personnalité magnétique attire souvent les autres, formant un cercle de partisans fidèles et admirateurs.

La Nature du Serpent

Contrairement à l'énergie débordante du Dragon, le Serpent agit avec une sagesse tranquille et une grande subtilité. Les personnes nées sous le signe du Serpent sont profondément introspectives, s'appuyant sur leur intuition et leur intelligence pour guider leurs pas dans la vie. Les Serpents sont reconnus pour leur calme et leur capacité à aborder les situations avec patience et réflexion. Bien qu'ils ne recherchent pas les feux de la rampe comme le Dragon, les Serpents sont souvent les cerveaux qui planifient et orchestrent dans l'ombre.

Les Serpents attachent une grande importance à la sécurité et à la stabilité, tant dans leur vie personnelle que dans leurs relations. Très analytiques, ils préfèrent examiner les situations sous tous les angles avant de prendre une décision. Bien qu'ils puissent sembler réservés ou mystérieux, les Serpents ont une profondeur émotionnelle et sont capables de former des liens forts et significatifs avec les autres. Leur nature calme et posée peut être une source de réconfort et de soutien pour leurs partenaires, en particulier ceux qui sont plus fougueux ou impulsifs.

L'Attraction Initiale entre le Dragon et le Serpent
Lorsque le Dragon et le Serpent se rencontrent, leur attraction initiale repose souvent sur un respect mutuel et une curiosité réciproque. Le Dragon est attiré par la sagesse et le calme du Serpent, percevant une profondeur de compréhension qui répond à son besoin d'un partenaire stable et perspicace. De son côté, le Serpent est captivé par la confiance et l'énergie dynamique du Dragon, reconnaissant en lui une audace qu'il peut parfois envier.

Cette association peut créer une connexion magnétique et passionnée, car chaque signe est fasciné par les qualités de l'autre. Le Dragon apprécie la capacité du Serpent à anticiper et à aborder la vie avec stratégie, tandis que le Serpent admire la volonté du Dragon de prendre des risques et de se lancer tête baissée dans de nouvelles opportunités. Ensemble, ils peuvent former un partenariat qui associe l'action à la planification minutieuse, créant un équilibre dynamique entre audace et prudence.

Forces Partagées

L'un des aspects les plus forts d'une relation entre le Dragon et le Serpent est leur ambition commune et leur désir de réussir. Ces deux signes sont animés par le besoin d'accomplir, bien qu'ils adoptent des approches différentes. La poursuite audacieuse des objectifs par le Dragon est complétée par la capacité du Serpent à surmonter les défis grâce à une planification réfléchie et une vision claire. Cette combinaison leur permet de se soutenir mutuellement dans leurs entreprises, créant un partenariat où les deux peuvent s'épanouir.

Le Dragon et le Serpent partagent également un profond sens de la loyauté et de l'engagement dans leurs relations. Une fois qu'ils ont créé un lien fort, les deux partenaires se montrent souvent dévoués et protecteurs l'un envers l'autre. La nature passionnée du Dragon peut apporter excitation et intensité à la relation, tandis que l'approche calme et réfléchie du Serpent contribue à instaurer un sentiment de stabilité et de sécurité. Ensemble, ils peuvent bâtir une connexion émotionnelle solide, à la fois dynamique et ancrée.

Une autre force commune est leur appréciation mutuelle de l'intellect et de la perspicacité. La sagesse du Serpent et sa capacité à voir la situation dans son ensemble peuvent aider le Dragon à affiner son approche face aux défis, tandis que l'enthousiasme du Dragon peut inspirer le Serpent à prendre davantage de risques et à saisir de nouvelles opportunités. Cette connexion intellectuelle peut engendrer des conversations stimulantes et une compréhension plus profonde des perspectives de chacun, renforçant encore leur lien.

Défis Potentiels

Malgré leurs nombreuses forces, le Dragon et le Serpent peuvent rencontrer certains défis dans leur relation. L'une des sources potentielles de conflit réside dans leurs différences de style de communication. Le Dragon est direct et affirmé, exprimant souvent ses pensées et ses émotions de manière ouverte et passionnée. Le Serpent, en revanche, est plus réservé et préfère garder ses émotions et ses réflexions pour lui-même. Cette différence de communication peut entraîner des malentendus, notamment si le Dragon perçoit la nature discrète du Serpent comme secrète ou distante.

Un autre défi peut surgir de leurs approches différentes de la vie. Alors que le Dragon est spontané et adore se lancer dans de nouvelles expériences, le Serpent préfère prendre son temps et planifier soigneusement ses actions. Ce contraste peut parfois créer des tensions, particulièrement si le Dragon estime que le Serpent est trop prudent ou hésitant à prendre des risques. À l'inverse, le Serpent peut trouver l'impulsivité du Dragon déconcertante, surtout s'il pense que ce dernier agit sans considérer les conséquences à long terme.

Les deux signes sont également reconnus pour leur nature forte et indépendante. Le Dragon prospère grâce à sa liberté personnelle et peut résister à toute tentative de contrôle ou de limitation de ses actions. Le Serpent, bien que plus subtil, valorise aussi son indépendance et pourrait être frustré s'il sent que le Dragon cherche à dominer ou à dicter le cours de la relation. Pour surmonter ces défis, les deux partenaires doivent apprendre à respecter le besoin d'autonomie de l'autre et trouver des moyens de parvenir à des compromis sans se sentir restreints.

Équilibrer passion et stabilité
Dans une relation Dragon-Serpent, l'un des principaux axes de croissance réside dans l'équilibre entre la passion ardente du Dragon et la stabilité calme du Serpent. Le Dragon apporte excitation et intensité à la relation, tandis que le Serpent offre un ancrage émotionnel qui peut maintenir la relation stable et sécurisée. En apprenant à apprécier et à embrasser ces différences, le Dragon et le Serpent peuvent construire un partenariat à la fois passionné et durable.

Le Dragon doit reconnaître la valeur de l'approche réfléchie et mesurée du Serpent, comprenant que la sagesse et la patience du Serpent peuvent l'aider à éviter des risques inutiles et à prendre des décisions plus éclairées. En retour, le Serpent peut bénéficier de l'énergie et de l'enthousiasme du Dragon, apprenant à sortir de sa zone de confort et à embrasser de nouvelles expériences avec plus de confiance.

Un potentiel à long terme

À long terme, le Dragon et le Serpent ont le potentiel de construire une relation profondément épanouissante et harmonieuse. Leur ambition partagée et leur désir de réussite peuvent conduire à de grandes réalisations, tant individuellement qu'en couple. En combinant l'audace du Dragon avec la réflexion stratégique du Serpent, ils peuvent surmonter les défis et travailler ensemble pour atteindre leurs objectifs.

La confiance et la communication seront essentielles au succès de cette relation. Le Dragon doit être attentif au besoin de sécurité émotionnelle et de stabilité du Serpent, tandis que le Serpent doit apprendre à faire confiance aux instincts du Dragon et à accepter le désir d'excitation et d'aventure de son partenaire. En maintenant une communication ouverte et honnête, le Dragon et le Serpent peuvent surmonter leurs différences et bâtir une relation basée sur le respect mutuel et la compréhension.

La compatibilité entre le Dragon et le Serpent dans l'astrologie chinoise est un mélange fascinant de passion, d'intellect et de respect mutuel. Bien que leurs différences puissent présenter des défis, ces mêmes différences peuvent aussi apporter équilibre et croissance à la relation. L'audace et l'énergie du Dragon complètent la sagesse et le calme du Serpent, créant un partenariat à la fois dynamique et stable.

En embrassant les forces de chacun et en apprenant à naviguer avec soin dans leurs différences, le Dragon et le Serpent peuvent créer une relation à la fois excitante et durable. Avec une communication ouverte, un respect mutuel et un engagement commun vers le succès, ils ont le potentiel de construire une connexion profonde et significative qui fait ressortir le meilleur de chacun.

La Compatibilité entre le Dragon et le Cheval

La relation entre le Dragon et le Cheval représente une connexion dynamique et énergique. Ces deux signes partagent des caractéristiques similaires, telles que l'indépendance, l'ambition et un esprit aventureux, ce qui en fait une paire solide. Pourtant, leur relation nécessite un équilibre entre leurs différences de tempérament et d'attentes. Cet article explore les aspects clés de la compatibilité entre le Dragon et le Cheval, en couvrant comment leurs traits communs les rapprochent, les défis potentiels auxquels ils font face et comment ils peuvent créer un partenariat durable et épanouissant.

Valeurs et Traits Partagés

1. Indépendance et Ambition

Le Dragon et le Cheval sont tous deux farouchement indépendants, valorisant la liberté personnelle et l'expression de soi. Les Dragons sont reconnus pour leur confiance et leur charisme, assumant souvent des rôles de leadership et poursuivant des objectifs ambitieux. De manière similaire, les Chevaux sont énergiques et motivés, recherchant constamment de nouvelles expériences et défis. Ce désir mutuel d'indépendance leur permet de respecter le besoin d'espace personnel de l'autre, réduisant ainsi les risques de se sentir limité ou étouffé dans la relation.

L'ambition partagée par ces deux signes signifie également qu'ils sont susceptibles de se soutenir mutuellement dans leur développement personnel et professionnel. Motivés à réussir dans la vie, ils peuvent trouver un terrain d'entente en travaillant ensemble pour atteindre des objectifs communs, que ce soit dans leur carrière ou leur vie personnelle. Cela constitue une base solide pour construire un avenir ensemble, car ils s'épanouissent tous deux dans des environnements favorisant le progrès et les défis.

2. Aventure et Enthousiasme

Les Dragons et les Chevaux sont des aventuriers nés, aimant prendre des risques et explorer de nouvelles opportunités. Leur enthousiasme partagé pour la vie apporte une excitation à la relation, la gardant fraîche et stimulante. Spontanés et ouverts aux nouvelles expériences, ils sont peu susceptibles de tomber dans une routine ennuyeuse. Au lieu de cela, ils se motivent mutuellement en entreprenant de nouvelles aventures, que ce soit à travers des voyages, des loisirs ou des projets personnels.

Cet amour partagé pour l'excitation garantit que le Dragon et le Cheval peuvent maintenir une relation vibrante et stimulante. Ensemble, ils mènent une vie amusante et rythmée, cherchant constamment de nouvelles façons de se défier et de se dynamiser. Leur énergie commune pour l'aventure les aide à conserver un lien fort et passionné.

Pourquoi ils fonctionnent bien ensemble

1. Forces Complémentaires

Bien que le Dragon et le Cheval partagent de nombreuses similitudes, ils possèdent également des forces complémentaires qui équilibrent la relation. Le leadership naturel et la confiance du Dragon peuvent guider la nature plus impulsive et agitée du Cheval. En retour, le Cheval apporte énergie et enthousiasme aux ambitions parfois élevées du Dragon, contribuant à garder leurs projets ancrés dans la réalité.

L'adaptabilité du Cheval complète également l'approche plus rigide du Dragon en matière de leadership. Les Dragons peuvent parfois être inflexibles ou obstinés dans leurs objectifs, tandis que les Chevaux sont plus flexibles et ouverts au changement. Cette dynamique peut créer un équilibre harmonieux, où le Dragon fournit direction et concentration, et le Cheval s'assure que la relation reste adaptable et réactive face aux nouveaux défis.

2. Respect et Compréhension Mutuels

Le respect mutuel partagé entre le Dragon et le Cheval est une autre raison de leur compatibilité. Les deux signes apprécient la force et l'unicité de l'autre, reconnaissant la valeur qu'ils apportent à la relation. Les Dragons admirent le goût de la vie du Cheval et sa capacité à rester positif même dans des situations difficiles. De leur côté, les Chevaux respectent la sagesse, la pensée stratégique et la détermination du Dragon.

Ce respect constitue une base solide de confiance, essentielle pour toute relation réussie. Aucun des deux signes ne ressent le besoin de contrôler ou de dominer l'autre, car ils comprennent tous deux l'importance de permettre à leur partenaire de s'exprimer pleinement. Ce respect pour l'individualité aide à créer une dynamique équilibrée et saine entre eux.

Défis à Considérer

1. Gérer les Différences de Tempérament

Malgré leurs traits partagés, le Dragon et le Cheval peuvent rencontrer des défis en raison de leurs tempéraments différents. Les Dragons sont connus pour leur nature autoritaire et affirmée, prenant souvent les rênes dans les situations et s'attendant à ce que les autres suivent leur exemple. Les Chevaux, en revanche, sont plus libres d'esprit et résistants à toute forme de contrôle. Cette différence d'approche peut entraîner des tensions si le Dragon tente d'imposer trop de structure ou si le Cheval se sent limité dans sa liberté.

Pour surmonter ce défi, les deux signes doivent être conscients des limites de l'autre. Le Dragon doit éviter d'être trop autoritaire, tandis que le Cheval doit communiquer son besoin d'indépendance de manière constructive. Une relation fondée sur le respect mutuel et une communication ouverte peut aider à atténuer ces conflits potentiels et garantir que les deux partenaires se sentent valorisés et compris.

2. Trouver l'Équilibre entre Engagement et Flexibilité

Un autre défi dans la relation entre le Dragon et le Cheval est de trouver un équilibre entre le besoin d'engagement et le désir de flexibilité. Les Dragons ont tendance à se concentrer davantage sur des objectifs à long terme et peuvent rechercher la stabilité dans leurs relations. Les Chevaux, en revanche, sont connus pour leur nature agitée et peuvent avoir des difficultés à se poser ou à s'engager sur un chemin spécifique.

Pour maintenir l'harmonie, les deux signes devront trouver un terrain d'entente où ils peuvent poursuivre leurs ambitions individuelles sans compromettre la relation. Le Dragon devra faire preuve de patience et comprendre le désir du Cheval de changement et d'exploration, tandis que le Cheval devra faire un effort pour rester ancré et engagé envers la réussite à long terme de la relation. Par le compromis et la communication, ils pourront créer un partenariat qui permet à la fois stabilité et croissance personnelle.

3. Styles de Communication

La communication peut parfois être un point de friction entre le Dragon et le Cheval. Les Dragons sont directs et affirmés, exprimant souvent leurs idées avec confiance et autorité. Les Chevaux, en revanche, peuvent être plus spontanés dans leur communication, agissant parfois sur un coup de tête sans bien réfléchir. Cette différence de styles de communication peut entraîner des malentendus ou des conflits si elle n'est pas abordée correctement.

Les deux signes devront pratiquer l'écoute active et la patience lorsqu'ils discuteront de questions importantes. Le Dragon devra veiller à ne pas submerger le Cheval par son affirmation, tandis que le Cheval devra se concentrer sur l'expression claire et réfléchie de ses pensées. En apprenant à communiquer efficacement, ils pourront éviter les conflits inutiles et renforcer leur lien.

Le Verdict Final : Un Duo Dynamique et Excitant

En conclusion, la compatibilité entre le Dragon et le Cheval est marquée par l'excitation, l'aventure et le respect mutuel. Les deux signes partagent un amour de l'indépendance, de l'ambition et des nouvelles expériences, ce qui rend leur relation dynamique et pleine d'énergie. Leurs forces complémentaires les aident à s'équilibrer, tandis que leurs valeurs communes veillent à ce qu'ils travaillent ensemble pour atteindre des objectifs communs.

Bien que des défis puissent surgir en raison des différences de tempérament, du niveau d'engagement et des styles de communication, ceux-ci peuvent être surmontés par le dialogue ouvert, le compromis et la compréhension mutuelle. Le Dragon et le Cheval ont le potentiel de construire une relation épanouissante et durable, fondée sur l'aventure, la créativité et la croissance personnelle.

En fin de compte, la relation entre le Dragon et le Cheval est une relation qui peut résister à l'épreuve du temps, à condition que les deux partenaires soient prêts à investir des efforts pour nourrir et soutenir les rêves et ambitions de l'autre. Avec une base solide de respect et un enthousiasme partagé pour la vie, ce duo peut accomplir de grandes choses ensemble, créant un partenariat à la fois exaltant et gratifiant.

La Compatibilité entre le Dragon et la Chèvre (Mouton)

Lorsque le Dragon et la Chèvre (également connue sous le nom de Mouton) se rencontrent, le résultat peut être une union fascinante de contrastes. Les deux signes apportent des qualités uniques à la relation, et leurs différences peuvent soit se compléter, soit se confronter. Le Dragon est audacieux, dynamique et plein d'énergie, tandis que la Chèvre est douce, nourrissante et émotionnellement attentive. Comprendre comment ces deux personnalités interagissent dans divers domaines de la vie peut éclairer leur compatibilité potentielle.

Traits de Personnalité du Dragon et de la Chèvre

Les Forces du Dragon

Les Dragons sont connus pour leur confiance, leur ambition et leur nature charismatique. Ils possèdent une capacité naturelle à diriger et sont souvent attirés par le succès, prospérant grâce aux défis et à l'aventure. Un Dragon a tendance à être très énergique et aime prendre des risques, visant à atteindre la grandeur dans tout ce qu'il entreprend. Leur nature passionnée peut inspirer les autres, et ils apportent souvent un sentiment d'excitation à toute relation.

Les Forces de la Chèvre

D'autre part, la Chèvre (ou Mouton) est un signe associé à la sensibilité, à la créativité et à une attitude paisible. Les Chèvres sont hautement intuitives, avec une intelligence émotionnelle qui leur permet de comprendre les besoins et les sentiments de ceux qui les entourent. Elles préfèrent les environnements calmes et aiment s'exprimer à travers des activités artistiques. En amour, les Chèvres sont nourrissantes et attentionnées, privilégiant souvent l'harmonie et la connexion émotionnelle.

Pourquoi le Dragon et la Chèvre se Complètent

À première vue, les différences entre ces deux signes peuvent sembler marquées, mais elles peuvent créer une dynamique équilibrée si elles sont abordées avec compréhension et patience. L'audace et l'esprit aventureux du Dragon peuvent pousser la Chèvre hors de sa zone de confort, l'encourageant à prendre plus de risques et à vivre de nouvelles expériences. En même temps, la nature calme et nourrissante de la Chèvre peut offrir au Dragon un sentiment de sécurité émotionnelle et de stabilité qu'il ne recherche pas toujours par lui-même.

Respect Mutuel

L'une des clés pour faire fonctionner cette relation réside dans le respect mutuel. La personnalité dominante du Dragon peut parfois éclipser la nature plus calme de la Chèvre, mais si le Dragon reconnaît la valeur de la profondeur émotionnelle et de la créativité de la Chèvre, ils peuvent établir un lien solide. La Chèvre, quant à elle, doit apprécier l'énergie et l'ambition du Dragon, soutenant son besoin d'excitation et de défi.

Énergies Complémentaires

Les Dragons prospèrent dans l'action et les environnements à rythme rapide, tandis que les Chèvres préfèrent la paix et la tranquillité. Ces énergies contrastées peuvent bien se compléter si les deux signes sont prêts à faire des compromis. La Chèvre peut aider le Dragon à ralentir, en offrant une approche plus réfléchie et paisible de la vie. En même temps, le Dragon peut pousser la Chèvre vers de nouvelles expériences, l'aidant à se libérer des routines qui limitent parfois son développement personnel.

Connexion Émotionnelle et Communication

L'Approche Émotionnelle du Dragon

Les Dragons sont passionnés, mais ils ne sont pas toujours en contact avec leur côté émotionnel. Ils sont plus concentrés sur l'atteinte de leurs objectifs et priorisent souvent l'action plutôt que la réflexion. Dans une relation avec une Chèvre, le Dragon devra apprendre à ralentir et à s'engager plus profondément avec ses émotions, que la Chèvre valorise naturellement.

La Sensibilité Émotionnelle de la Chèvre

Les Chèvres sont des créatures émotionnelles qui recherchent l'harmonie émotionnelle et un sentiment de sécurité dans les relations. Elles sont naturellement empathiques et intuitives, captant souvent les changements subtils dans l'humeur de leur partenaire. Bien que cela puisse mener à une connexion émotionnelle profonde avec le Dragon, cela peut aussi entraîner un sentiment de négligence chez la Chèvre si le Dragon ne prête pas suffisamment attention à ses besoins émotionnels.

Pour que cette relation prospère, la communication est essentielle. Le Dragon doit être prêt à s'engager dans des discussions émotionnelles plus profondes et à montrer de l'appréciation pour l'intelligence émotionnelle de la Chèvre. D'autre part, la Chèvre doit comprendre que l'expression émotionnelle du Dragon peut être différente de la sienne et peut nécessiter une approche plus patiente et compréhensive.

Défis Potentiels dans la Relation

Approches Différentes de la Vie

Le besoin d'excitation et de défi du Dragon peut parfois entrer en conflit avec la préférence de la Chèvre pour le calme et la stabilité. Les Dragons sont souvent en mouvement, recherchant de nouvelles aventures et opportunités, tandis que les Chèvres sont plus contentes d'une vie paisible centrée sur le foyer. Cette différence de mode de vie peut créer des tensions si elle n'est pas gérée avec soin. Le Dragon peut se sentir restreint par le désir de stabilité de la Chèvre, tandis que la Chèvre pourrait se sentir accablée par l'aspiration constante du Dragon à de nouvelles expériences.

Trouver l'Équilibre entre Indépendance et Dépendance

Un autre défi réside dans la nature indépendante du Dragon par rapport au besoin de soutien émotionnel de la Chèvre. Les Dragons sont souvent fiers de leur indépendance et ne recherchent pas autant de réconfort émotionnel que la Chèvre en a besoin. Cette dynamique peut entraîner des malentendus si le Dragon ne reconnaît pas le désir de connexion émotionnelle et de soutien de la Chèvre. De même, la Chèvre doit trouver un moyen d'équilibrer ses besoins émotionnels avec le besoin d'espace personnel et d'indépendance du Dragon.

Différences Financières

Les Dragons sont souvent des preneurs de risques, tant dans leur vie personnelle que financière. Ils peuvent être attirés par des investissements audacieux ou des dépenses extravagantes, cherchant à vivre pleinement. Les Chèvres, en revanche, préfèrent la sécurité et sont plus prudentes avec leurs finances. Cette différence peut entraîner des conflits si les deux signes ne trouvent pas un terrain d'entente sur la gestion de leurs finances. Un compromis pratique, où chaque signe respecte les habitudes financières de l'autre, peut aider à éviter les tensions dans ce domaine.

Renforcer la Relation

Apprendre à Compromettre
Le compromis est essentiel dans cette relation, car les deux signes doivent trouver un équilibre entre leurs approches différentes de la vie. Le Dragon doit être prêt à ralentir parfois et à apprécier la valeur de la stabilité, tandis que la Chèvre devrait être ouverte à de nouvelles expériences et adopter un côté plus aventureux. Lorsque les deux signes se rencontrent à mi-chemin, ils peuvent créer une relation qui combine le meilleur des deux mondes.

Se Concentrer sur des Objectifs Communs
Bien que leurs personnalités diffèrent, le Dragon et la Chèvre peuvent toujours trouver un terrain d'entente dans des objectifs communs. Que ce soit pour fonder une famille, poursuivre des projets créatifs ou atteindre la sécurité financière, se concentrer sur des objectifs à long terme peut renforcer leur lien. Travailler

ensemble vers une vision partagée leur permet d'apprécier les forces de l'autre et de créer une connexion plus profonde.

Célébrer les Différences

Au lieu de voir leurs différences comme des obstacles, le Dragon et la Chèvre peuvent célébrer la manière dont ils se complètent. L'énergie et la détermination du Dragon peuvent inspirer la Chèvre à sortir de sa zone de confort, tandis que la profondeur émotionnelle de la Chèvre peut enseigner au Dragon la valeur de l'introspection et de l'empathie. En appréciant les qualités uniques de l'autre, ils peuvent créer une relation remplie de croissance, de compréhension et de respect mutuel.

La relation entre le Dragon et la Chèvre a le potentiel d'être profondément gratifiante si les deux partenaires sont prêts à embrasser leurs différences et à travailler ensemble. Leurs personnalités contrastées peuvent créer une dynamique dans laquelle ils apprennent l'un de l'autre, équilibrant ambition et sensibilité émotionnelle. Avec une communication ouverte, des compromis et un accent sur le respect mutuel, le Dragon et la Chèvre peuvent construire un partenariat durable et harmonieux qui leur permet de grandir à la fois individuellement et ensemble. Cette relation peut prospérer sur une base de valeurs partagées, de connexion émotionnelle et d'une volonté d'embrasser les forces que chaque signe apporte à la relation.

La Compatibilité Entre le Dragon et le Singe

L'union entre le Dragon et le Singe dans le zodiaque chinois est souvent considérée comme l'une des combinaisons les plus dynamiques et excitantes. Les deux signes sont remplis d'énergie, de créativité et d'intelligence, ce qui leur permet de se connecter à plusieurs niveaux. Lorsque ces deux personnalités puissantes se réunissent, elles forment une relation remplie d'aventures, de rires et d'admiration mutuelle. Pour comprendre la véritable profondeur de la compatibilité entre le Dragon et le Singe, il est essentiel d'explorer leurs forces communes, les défis potentiels et la manière dont ils peuvent construire un partenariat durable.

Traits de Personnalité du Dragon et du Singe

Les Forces du Dragon

Les Dragons sont des leaders nés, dotés d'un charisme inné qui attire les gens vers eux. Ils sont ambitieux, audacieux et pleins de vitalité. Connus pour leurs personnalités fortes, les Dragons ont tendance à dominer toute situation dans laquelle ils se trouvent, que ce soit au travail, dans les cercles sociaux ou dans les relations personnelles. Les Dragons sont aussi profondément passionnés, investissant leur énergie pour atteindre la grandeur et recherchant toujours de nouveaux défis. Ils sont confiants et décisifs, prenant souvent les commandes des situations et inspirant les autres avec leur vision et leur détermination.

Les Forces du Singe

Le Singe, quant à lui, est connu pour son esprit, son charme et son adaptabilité. Les Singes sont des résolveurs de problèmes intelligents qui prospèrent dans des environnements stimulants sur le plan intellectuel. Ils sont réputés pour leur sens de l'humour et leur rapidité d'esprit, ce qui les aide souvent à naviguer dans des situations sociales complexes avec aisance. Dans les relations, les Singes sont joueurs et aventureux, recherchant toujours le plaisir et l'excitation. Ils valorisent leur indépendance, mais apprécient aussi la compagnie de quelqu'un qui peut suivre leur rythme énergique.

Pourquoi le Dragon et le Singe Fonctionnent Bien Ensemble

Énergie et Enthousiasme Mutuels

L'une des principales raisons pour lesquelles le Dragon et le Singe fonctionnent si bien ensemble est leur énergie commune et leur enthousiasme pour la vie. Les deux signes sont pleins de vitalité, et lorsqu'ils se réunissent, leur relation est souvent remplie d'excitation et d'aventure. Le désir de réussite du Dragon est égalé par la curiosité et la soif de vivre du Singe. Ensemble, ils aiment explorer de nouvelles opportunités, prendre des risques et participer à des activités stimulantes qui gardent leur relation vivante.

Connexion Intellectuelle

Les Dragons et les Singes sont tous deux des signes intelligents, et cette compatibilité intellectuelle joue un rôle important dans leur relation. La pensée stratégique du Dragon complète l'esprit vif du Singe et sa capacité à réagir rapidement. Qu'il s'agisse de discuter d'idées complexes, de résoudre des problèmes ou de réfléchir à de nouveaux projets, ces deux signes prospèrent face aux défis intellectuels. Leurs conversations sont souvent animées et engageantes, leur permettant de se connecter à un niveau mental qui renforce leur lien.

Admiration Mutuelle

Le Dragon et le Singe admirent les forces de l'autre. Le Dragon est attiré par l'esprit et la créativité du Singe, appréciant sa capacité à naviguer dans les situations avec aisance et humour. Le Singe, quant à lui, respecte l'ambition, la confiance et les qualités de leadership du Dragon. Cette admiration mutuelle crée une base solide de respect, leur permettant de soutenir les objectifs et les rêves de l'autre sans se sentir menacés ou éclipsés.

Esprit Ludique et Aventurier

Les Singes sont connus pour leur nature ludique, et cette légèreté apporte une touche de plaisir à la relation. Les Dragons, qui parfois prennent la vie trop au sérieux dans leur quête de réussite, trouvent de la joie dans la capacité du Singe à alléger l'ambiance et à introduire de l'humour dans leur vie. L'esprit aventureux des deux signes fait qu'ils aiment essayer de nouvelles choses ensemble, que ce soit voyager vers de nouveaux endroits, relever de nouveaux défis ou simplement explorer de nouvelles idées. Ce sens de l'aventure les aide à maintenir l'excitation et la spontanéité dans leur relation.

Les Défis de la Relation Dragon-Singe

Domination et Contrôle

Bien que le Dragon et le Singe se complètent généralement bien, il peut y avoir des moments de conflit, en particulier lorsqu'il s'agit de questions de domination et de contrôle. Le Dragon est habitué à être aux commandes et peut avoir du mal si le Singe tente d'affirmer son indépendance ou de défier l'autorité du Dragon. Les Singes valorisent leur liberté et peuvent résister à toute forme de contrôle ou de contrainte. Cette dynamique peut conduire à des luttes de pouvoir si les deux partenaires ne sont pas attentifs au besoin d'autonomie de l'autre.

Impulsivité vs Vision à Long Terme

Un autre défi potentiel réside dans la différence entre la vision à long terme du Dragon et la nature impulsive du Singe. Les Dragons ont tendance à se concentrer sur des objectifs globaux et sont motivés par le désir de succès à long terme. Les Singes, quant à eux, sont plus spontanés et peuvent parfois agir sur un coup de tête plutôt que de planifier pour l'avenir. Cette différence d'approche peut entraîner des malentendus, le Dragon se sentant frustré par l'imprévisibilité du Singe, tandis que le Singe peut se sentir étouffé par la vision plus structurée du Dragon.

Profondeur Émotionnelle

Les Dragons sont passionnés, mais peuvent parfois avoir du mal à exprimer leurs émotions profondes, se concentrant davantage sur leurs ambitions et leurs réalisations extérieures. Les Singes, tout en étant pleins d'esprit et charmants, peuvent aussi éviter les connexions émotionnelles profondes, préférant garder les choses légères et amusantes. Cela peut conduire à une relation qui, bien qu'excitante et stimulante, manque de profondeur émotionnelle si les deux partenaires ne font pas d'efforts pour se connecter à un niveau plus intime. Les deux signes doivent reconnaître l'importance de la vulnérabilité émotionnelle et travailler à établir un lien émotionnel plus profond pour maintenir leur relation sur le long terme.

Renforcer la Relation Dragon-Singe

Communication Ouverte

La communication est essentielle dans la relation Dragon-Singe. Étant donné leurs fortes personnalités, il est important que les deux signes discutent ouvertement de leurs besoins et désirs, en particulier lorsqu'il s'agit de questions de contrôle et d'indépendance. Le Dragon doit être attentif au besoin de liberté du Singe et éviter d'être trop contrôlant. En même temps, le Singe doit respecter les qualités de leadership du Dragon et trouver des moyens d'affirmer son indépendance sans saper l'autorité de son partenaire.

Équilibrer Objectifs à Long Terme et Spontanéité

Trouver un équilibre entre la vision à long terme du Dragon et la nature spontanée du Singe est crucial. Les Dragons peuvent aider les Singes à se concentrer sur leurs objectifs et à canaliser leur créativité dans des projets productifs, tandis que les Singes peuvent enseigner aux Dragons la valeur de la flexibilité et de l'adaptabilité. En combinant la pensée stratégique du Dragon avec la capacité du Singe à réagir rapidement, ils peuvent créer une relation à la fois axée sur les objectifs et ouverte à de nouvelles possibilités.

Favoriser l'Intimité Émotionnelle

Le Dragon et le Singe doivent tous deux faire des efforts pour favoriser l'intimité émotionnelle dans leur relation. Bien qu'ils se connectent facilement sur un plan intellectuel et social, établir un lien émotionnel plus profond nécessitera de la vulnérabilité et de la confiance. Le Dragon doit travailler à exprimer ses émotions plus ouvertement, tandis que le Singe doit être prêt à s'engager dans des conversations plus profondes sur ses sentiments et ses besoins. En donnant la priorité à la connexion émotionnelle, ils peuvent renforcer leur lien et créer un partenariat plus épanouissant.

Le Verdict Final : Une Association Dynamique et Excitante

La compatibilité entre le Dragon et le Singe est pleine de potentiel. Leur énergie commune, leur intelligence et leur sens de l'aventure en font un duo dynamique qui prospère dans l'excitation et l'admiration mutuelle. Bien qu'il puisse y avoir des défis, notamment autour des questions de contrôle, de spontanéité et de profondeur émotionnelle, ceux-ci peuvent être surmontés grâce à une communication ouverte, au respect mutuel et à une volonté de compromis.

Lorsque le Dragon et le Singe se réunissent, ils créent une relation qui est non seulement intellectuellement stimulante mais aussi remplie de plaisir, de rires et d'un véritable sens du partenariat. En embrassant leurs différences et en travaillant ensemble, cette union a le potentiel de construire une relation durable et épanouissante qui se renforce au fil du temps. Que ce soit en relevant de nouveaux défis ou simplement en profitant des aventures de la vie, le Dragon et le Singe forment une équipe puissante difficile à battre.

La Compatibilité Entre le Dragon et le Coq

Comme l'algorithme parfait sur un site de rencontres, le Dragon et le Coq forment un partenariat dynamique, axé sur les objectifs, et hautement complémentaire. Les deux signes possèdent des personnalités fortes, et ensemble, ils peuvent créer une relation marquée par l'admiration mutuelle, des ambitions partagées, et un fort sens de but. Tandis que le Dragon dégage du charisme, de la passion et de la force, le Coq apporte discipline, organisation et pragmatisme. Ensemble, ces deux signes peuvent trouver un équilibre et une harmonie, bien qu'ils doivent également naviguer à travers leurs différences pour bâtir une connexion durable et significative.

Comprendre les Personnalités du Dragon et du Coq

Les Traits du Dragon

Le Dragon est un symbole de pouvoir, de force et de leadership dans le zodiaque chinois. Les personnes nées sous ce signe sont souvent charismatiques, ambitieuses et pleines d'énergie. Les Dragons sont connus pour leur confiance en eux et leur détermination, toujours en quête de grandeur et de succès. Ce sont des leaders naturels qui inspirent les autres par leur vision et leur passion. En même temps, les Dragons sont aventureux et aiment prendre des risques, ce qui les rend intrépides dans la poursuite de leurs objectifs. Dans les relations, ils sont loyaux, protecteurs et profondément investis dans le bonheur de leur partenaire, bien qu'ils puissent aussi être têtus et orgueilleux.

Les Traits du Coq

Le Coq est connu pour sa précision, son attention aux détails et son sens du devoir. Les Coqs sont des individus travailleurs, disciplinés et très organisés qui sont fiers de leur capacité à planifier et exécuter des tâches à la perfection. Ils sont également confiants et aiment être reconnus pour leurs réalisations. Dans les relations, les Coqs sont fiables et engagés, apportant stabilité et structure à la vie de leur partenaire. Bien qu'ils soient pratiques et ancrés dans la réalité, les Coqs possèdent aussi un esprit vif et une flair pour la créativité, ce qui peut ajouter une touche d'excitation à leurs relations.

Pourquoi le Dragon et le Coq Fonctionnent Bien Ensemble

Forces Complémentaires

L'une des principales raisons pour lesquelles le Dragon et le Coq forment un excellent couple est leurs forces complémentaires. L'audace et l'ambition du Dragon sont bien équilibrées par le pragmatisme et les compétences organisationnelles du Coq. Tandis que le Dragon se concentre sur des objectifs globaux et aime rêver grand, le Coq excelle dans la gestion des détails et veille à ce que tout fonctionne sans accroc. Cette dynamique permet au Dragon de poursuivre ses grandes ambitions avec la confiance que le Coq l'aidera à gérer les points plus fins et à garder le cap. Ensemble, ils peuvent accomplir de grandes choses, tant sur le plan personnel que professionnel.

Ambition Partagée

Le Dragon et le Coq sont tous deux des individus hautement motivés et orientés vers les objectifs. Ils ont un désir naturel de succès et sont prêts à travailler dur pour l'atteindre. Cette ambition partagée crée une base solide pour leur relation, car ils peuvent soutenir les rêves de l'autre et se pousser à atteindre de nouveaux sommets. Le Dragon admire la dédication et la précision du Coq, tandis que le Coq est inspiré par la vision et la détermination du Dragon. Ensemble, ils peuvent former un couple puissant capable d'accomplir de grandes choses, que ce soit dans leurs carrières, projets personnels ou objectifs communs.

Respect Mutuel

Le respect mutuel est un facteur clé dans la relation Dragon-Coq. Les deux signes sont confiants et fiers de leurs capacités, ce qui signifie qu'ils respectent les forces et les contributions de l'autre. Le Dragon apprécie la capacité du Coq à planifier et à exécuter avec précision, tandis que le Coq admire l'audace et le leadership du Dragon. Cette admiration mutuelle leur permet de travailler ensemble en équipe sans se sentir éclipsés ou diminués par le succès de l'autre. Leur relation repose sur une base de confiance et de reconnaissance des talents uniques de chacun.

Stimulation Intellectuelle

Le Dragon et le Coq valorisent tous deux l'intelligence et aiment s'engager dans des conversations stimulantes. Ils partagent un amour pour l'apprentissage et recherchent constamment de nouvelles connaissances et expériences. Cette compatibilité intellectuelle leur permet de se connecter à un niveau plus profond, car ils aiment discuter d'idées, résoudre des problèmes et explorer de nouveaux concepts ensemble. L'esprit analytique du Coq complète la pensée créative du Dragon, rendant leurs interactions à la fois mentalement engageantes et enrichissantes. Cette curiosité intellectuelle partagée aide à maintenir leur relation excitante et pleine de croissance.

Les Défis dans la Relation Dragon-Coq

Têtus et Perfectionnistes

Bien que le Dragon et le Coq possèdent de nombreuses forces, ils sont tous deux connus pour être têtus à leur manière. Le Dragon est farouchement indépendant et peut résister à toute tentative du Coq de contrôler ou organiser sa vie. En même temps, le Coq a des standards élevés et peut devenir frustré si le Dragon ne respecte pas son sens de l'ordre et de la perfection. Ce choc de personnalités déterminées peut mener à des conflits, surtout lorsqu'il s'agit de prendre des décisions ou de gérer les routines quotidiennes. Les deux partenaires devront apprendre à faire des compromis et à respecter l'approche de l'autre pour maintenir l'harmonie.

Le Besoin de Liberté du Dragon vs. Le Besoin de Structure du Coq

Les Dragons prospèrent dans la liberté, l'aventure et la spontanéité. Ils détestent se sentir confinés ou restreints et peuvent résister à la tendance du Coq à planifier et structurer chaque aspect de leur vie. D'autre part, les Coqs trouvent du confort dans la routine et l'organisation, et ils peuvent se sentir anxieux ou perturbés par la nature imprévisible du Dragon. Cette différence de préférences de mode de vie peut créer des tensions dans la relation si elle n'est pas abordée. Il est important que le Dragon reconnaisse le besoin de stabilité du Coq, tandis que le Coq doit apprendre à donner au Dragon l'espace et la liberté dont il a besoin pour se sentir épanoui.

Styles de communication

Les Dragons sont connus pour leur tempérament fougueux et leur communication passionnée, tandis que les Coqs ont tendance à être plus critiques et orientés vers les détails dans leur approche. Cette différence de styles de communication peut parfois entraîner des malentendus ou des sentiments blessés. Le Dragon peut ressentir que le Coq est trop pointilleux ou excessivement critique, tandis que le Coq peut voir le Dragon comme trop impulsif ou imprudent. Pour éviter les conflits, les deux signes doivent travailler à améliorer leur communication en faisant preuve de plus de patience et de compréhension du point de vue de l'autre. Des conversations ouvertes et honnêtes les aideront à résoudre les conflits et à renforcer leur lien.

Renforcer la relation Dragon-Coq

Accepter les forces de l'autre

L'une des meilleures façons pour le Dragon et le Coq de renforcer leur relation est d'accepter et de célébrer les forces de chacun. Le Dragon devrait apprécier la capacité du Coq à apporter structure et organisation dans leur vie, tandis que le Coq devrait admirer la vision du Dragon et sa capacité à prendre des risques audacieux. En reconnaissant les contributions uniques de l'autre, ils peuvent créer une relation à la fois équilibrée et harmonieuse.

Trouver un équilibre entre liberté et structure

Trouver un équilibre entre le besoin de liberté du Dragon et le désir de structure du Coq est essentiel pour leur bonheur à long terme. Le Dragon devrait faire un effort pour respecter le besoin d'ordre et de routine du Coq, tandis que le Coq devrait apprendre à être plus flexible et ouvert à la nature spontanée du Dragon. En trouvant un terrain d'entente qui permette aux deux partenaires de se sentir épanouis, ils peuvent créer une relation qui satisfait leurs besoins respectifs.

Pratiquer la patience et la compréhension

Étant donné leurs personnalités fortes, le Dragon et le Coq devront peut-être travailler sur la pratique de la patience et de la compréhension mutuelle. Le Dragon devrait essayer d'être plus attentif aux préoccupations du Coq et éviter de rejeter leur besoin de perfection. En même temps, le Coq devrait apprendre à être moins critique et plus soutenant des objectifs et des ambitions du Dragon. En abordant les conflits avec empathie et respect, ils pourront résoudre les problèmes plus efficacement et construire un lien plus solide.

Le verdict final : Un partenariat puissant et productif

La compatibilité entre le Dragon et le Coq est remplie de potentiel pour réussir. Leurs forces complémentaires, leur ambition partagée et leur respect mutuel font d'eux un duo puissant capable de réaliser de grandes choses ensemble. Bien qu'ils puissent rencontrer des défis liés à leur obstination, à leurs différences de préférences de mode de vie et de styles de communication, ces obstacles peuvent être surmontés avec patience, compromis et volonté de comprendre les besoins de l'autre.

La relation entre le Dragon et le Coq est fondée sur l'admiration mutuelle, la stimulation intellectuelle et une ambition partagée de réussir. En acceptant leurs différences et en travaillant ensemble en tant qu'équipe, ils peuvent construire un partenariat durable et épanouissant qui soit à la fois excitant et productif. Que ce soit en amour, en amitié ou en collaboration professionnelle, le Dragon et le Coq ont le potentiel de créer une relation véritablement extraordinaire.

La compatibilité entre le Dragon et le Chien

La compatibilité entre le Dragon et le Chien dans l'astrologie chinoise est un mélange fascinant de feu et de loyauté, d'audace et de protectivité. Les deux signes possèdent des personnalités fortes et distinctes qui peuvent soit se compléter magnifiquement, soit se heurter intensément. Leur connexion est à la fois pleine de potentiel et de défis, faisant de leur partenariat une aventure intéressante qui nécessite respect mutuel, compréhension et compromis.

Comprendre les personnalités du Dragon et du Chien

Les traits du Dragon

Les Dragons en astrologie chinoise sont dynamiques, charismatiques et pleins de confiance. Ce sont des leaders nés qui prospèrent dans des environnements où ils peuvent mettre en valeur leur créativité, leur ambition et leur détermination. Les Dragons ont une personnalité plus grande que nature et une présence magnétique qui attire les autres vers eux. Ce sont des individus visionnaires, n'ayant pas peur de prendre des risques et de poursuivre des objectifs ambitieux. Bien que les Dragons soient farouchement indépendants et autonomes, ils sont également protecteurs envers leurs proches et font preuve d'une grande loyauté dans leurs relations.

Les traits du Chien

Les Chiens sont connus pour leur loyauté, leur honnêteté et leur fort sens du devoir. Ils sont fiables, dignes de confiance et souvent la boussole morale dans n'importe quelle situation. Bien qu'ils soient plus prudents et réservés que le Dragon audacieux, les Chiens sont profondément attachés à leurs principes et au bien-être de ceux qu'ils aiment. Les Chiens sont également protecteurs, et une fois qu'ils établissent un lien, ils sont incroyablement loyaux. Dans les relations, ils valorisent la stabilité et la sécurité émotionnelle, et cherchent souvent des partenaires qui partagent des valeurs similaires.

Pourquoi le Dragon et le Chien peuvent bien s'entendre

Loyauté et dévouement mutuels

L'une des principales forces d'une relation entre le Dragon et le Chien est leur sens commun de la loyauté. Les deux signes accordent de la valeur à l'engagement, et lorsqu'ils décident d'investir dans une relation, ils le font avec une pleine dévotion. Le Dragon, bien qu'indépendant, a un profond sens de la loyauté et soutiendra ceux qu'il aime, tandis que l'engagement du Chien envers son partenaire est inébranlable. Cette dévotion mutuelle peut poser une base solide pour leur relation, car ils prennent tous deux leurs responsabilités au sérieux et travaillent dur pour se soutenir mutuellement.

Des forces complémentaires

Le Dragon et le Chien possèdent des qualités qui peuvent se compléter magnifiquement. Le charisme, l'ambition et la volonté de prendre des risques du Dragon sont équilibrés par le pragmatisme, la fiabilité et l'approche prudente du Chien. Les Dragons sont des rêveurs qui envisagent de grandes choses, tandis que les Chiens peuvent fournir la perspective ancrée nécessaire pour concrétiser ces visions. Cette dynamique peut créer un partenariat bien équilibré où l'audace du Dragon est tempérée par la sensibilité du Chien, et la nature prudente du Chien est dynamisée par l'énergie du Dragon.

Un sens moral partagé

Le Dragon et le Chien sont tous deux guidés par un fort sens du bien et du mal, ce qui peut servir de facteur unificateur dans leur relation. Les Dragons ont un désir de diriger et de créer un changement positif, et ils sont souvent motivés par un sens de la justice et de l'équité. De même, les Chiens ont un sens moral profond et sont connus pour défendre ce qu'ils croient être juste. Ce système de valeurs partagé peut rapprocher le Dragon et le Chien, les incitant à travailler ensemble pour des objectifs et idéaux communs.

Les défis dans la relation entre le Dragon et le Chien

Des tempéraments qui se heurtent

Bien que le Dragon et le Chien possèdent de nombreuses qualités positives, leurs tempéraments peuvent parfois entrer en conflit. Les Dragons sont connus pour leurs personnalités fougueuses et leur amour de l'excitation, tandis que les Chiens sont plus prudents et préfèrent la stabilité. Cette différence d'énergie peut entraîner des frictions dans la relation, avec le Dragon se sentant frustré par la réticence du Chien à embrasser le changement ou à prendre des risques, et le Chien se sentant accablé par l'intensité du Dragon. Les deux signes devront trouver des moyens d'apprécier le rythme et l'approche de l'autre face à la vie.

Le besoin d'indépendance du Dragon vs. Le besoin de sécurité du Chien

L'un des plus grands défis dans une relation Dragon-Chien est d'équilibrer le besoin d'indépendance du Dragon avec le besoin de sécurité émotionnelle du Chien. Les Dragons prospèrent dans la liberté et l'aventure, et ils peuvent parfois se sentir étouffés par le désir du Chien de stabilité et de prévisibilité. Les Chiens, en revanche, recherchent un partenaire capable de leur offrir un sentiment de sécurité et de réconfort, et ils peuvent se sentir anxieux ou incertains si le Dragon est trop centré sur ses propres ambitions ou poursuites. Trouver un terrain d'entente où les deux partenaires se sentent respectés et valorisés sera crucial pour le succès de leur relation.

La prudence du Chien vs. L'impulsivité du Dragon

Les Dragons sont connus pour leur impulsivité et leur volonté de prendre des risques, tandis que les Chiens ont tendance à être plus prudents et méthodiques dans leur approche de la vie. Cette différence dans les styles de prise de décision peut entraîner des tensions, le Dragon se sentant impatient face à la planification minutieuse du Chien, et le Chien se frustrant de l'impulsivité du Dragon. Les deux signes devront travailler à comprendre les processus de pensée de l'autre et trouver un équilibre entre la prise de risques calculés et le maintien de la stabilité.

Renforcer la relation Dragon-Chien

Accepter les différences de l'autre

L'une des étapes les plus importantes pour renforcer une relation Dragon-Chien est que les deux partenaires acceptent et apprécient les différences de chacun. Le Dragon devrait reconnaître la valeur du pragmatisme et de la nature prudente du Chien, tandis que le Chien devrait apprendre à admirer l'audace et la pensée visionnaire du Dragon. En se concentrant sur leurs forces complémentaires plutôt que sur leurs différences, le Dragon et le Chien peuvent créer un partenariat plus harmonieux et solidaire.

Communication ouverte et honnête

La communication est essentielle dans toute relation, mais elle est particulièrement importante pour le Dragon et le Chien. Les deux signes sont passionnés et déterminés, ce qui peut mener à des malentendus ou des désaccords s'ils ne sont pas prudents. La nature fougueuse du Dragon peut parfois être perçue comme dominatrice ou trop affirmée, tandis que l'approche prudente du Chien peut être vue comme trop critique ou hésitante. En pratiquant une communication ouverte et honnête, les deux partenaires peuvent exprimer leurs besoins et leurs préoccupations de manière constructive, ce qui leur permettra de résoudre les conflits plus efficacement.

Trouver un équilibre entre aventure et stabilité

Pour que la relation entre le Dragon et le Chien prospère, il est essentiel de trouver un équilibre entre l'amour du Dragon pour l'aventure et le besoin de stabilité du Chien. Le Dragon devrait faire un effort pour être plus attentif au désir de sécurité du Chien et offrir la rassurance dont son partenaire a besoin. En retour, le Chien devrait essayer d'être plus ouvert au désir du Dragon d'excitation et de changement, permettant ainsi la spontanéité et de nouvelles expériences dans leur vie commune.

En travaillant ensemble pour créer un mode de vie équilibré, ils peuvent tous deux trouver épanouissement dans leur relation.

Respecter les limites

Les deux signes, le Dragon et le Chien, ont des personnalités fortes, et il est important pour eux de respecter les limites de l'autre. Le Dragon doit être attentif au besoin de sécurité émotionnelle du Chien et éviter de le pousser trop loin hors de sa zone de confort. En même temps, le Chien doit accorder au Dragon la liberté dont il a besoin pour explorer ses ambitions et poursuivre ses objectifs. En respectant les besoins et les limites de chacun, ils peuvent construire une relation à la fois soutenante et épanouissante.

Le verdict final : une relation fondée sur le respect mutuel et la loyauté

La compatibilité entre le Dragon et le Chien est un partenariat complexe mais gratifiant. Bien qu'ils puissent rencontrer des défis liés à leurs tempéraments différents et à leurs approches de la vie, leur loyauté partagée, leur boussole morale et leurs forces complémentaires peuvent les aider à surmonter ces obstacles. En acceptant les différences de l'autre, en pratiquant une communication ouverte et en trouvant un équilibre entre aventure et stabilité, le Dragon et le Chien peuvent créer une relation à la fois épanouissante et durable.

Cette union a le potentiel de se développer en une connexion profonde et significative, fondée sur le respect mutuel, la confiance et l'admiration. Les deux signes ont un fort sens de la loyauté et de l'engagement, ce qui servira de base à leur relation. Que ce soit en amour, en amitié ou en collaboration, le Dragon et le Chien peuvent former un partenariat puissant qui prospère grâce à des valeurs partagées et un lien émotionnel profond. Avec un peu de patience et de compréhension, ils peuvent construire ensemble une vie riche à la fois en excitation et en sécurité.

La compatibilité entre le Dragon et le Cochon

Dans cette romance ou relation, l'influence du Cochon est apaisante et plutôt légendaire. Les deux signes viennent de royaumes différents en termes de personnalité et de tempérament, mais ensemble, ils créent une relation équilibrée et complémentaire. Le Dragon, connu pour son audace, son charisme et sa détermination, contraste avec la nature décontractée, nourrissante et bienveillante du Cochon. L'interaction entre ces deux signes offre à la fois des défis potentiels et des opportunités de croissance, créant un partenariat dynamique rempli de chaleur, de soutien et de passion.

Vue d'ensemble de la personnalité du Dragon et du Cochon

Le Dragon

Les Dragons sont connus pour leur énergie intense et dynamique et sont souvent perçus comme des leaders. Ils sont ambitieux, confiants et charismatiques, avec une capacité naturelle à inspirer et motiver les autres. Les Dragons aiment prendre les rênes et n'ont pas peur des défis, cherchant toujours à réussir dans tout ce qu'ils entreprennent. Leur audace, combinée à un sens de l'idéalisme et un désir d'aventure, fait qu'ils sont souvent attirés par de nouvelles expériences excitantes et des objectifs ambitieux. Les Dragons aiment être le centre d'attention et prospèrent dans des environnements où leurs talents et leur leadership peuvent briller.

Le Cochon

Contrairement à la nature fougueuse du Dragon, le Cochon incarne une énergie plus ancrée et paisible. Les Cochons sont connus pour leur bonté, leur générosité et leur compassion. Ce sont des individus nourrissants qui privilégient le bien-être de ceux qui les entourent. Les Cochons sont patients, compréhensifs et préfèrent souvent une vie simple et paisible. Ils accordent de la valeur à la famille, aux amitiés proches et à la sécurité émotionnelle, et sont prêts à faire des efforts supplémentaires pour s'assurer que leurs proches sont heureux. Les Cochons ne cherchent pas le projecteur comme le Dragon, mais ils apportent une force tranquille et une loyauté indéfectible à leurs relations.

Pourquoi le Dragon et le Cochon forment un bon couple

Qualités complémentaires

L'un des aspects les plus attrayants d'une relation entre le Dragon et le Cochon est la façon dont leurs différences se complètent mutuellement. Les Dragons, avec leur assurance et leur audace, peuvent aider le Cochon plus passif à explorer de nouveaux horizons et à embrasser les défis de la vie avec plus de confiance. Le Cochon, en retour, apporte un sens du calme et de l'équilibre émotionnel à l'esprit fougueux du Dragon. Tandis que le Dragon peut être poussé par l'ambition et l'excitation, le Cochon peut fournir l'influence d'ancrage nécessaire pour maintenir la stabilité émotionnelle et l'harmonie dans la relation.

La nature nourrissante du Cochon attire souvent le Dragon, qui prospère grâce à l'admiration et au soutien. Le Cochon est plus qu'heureux de couvrir le Dragon d'affection et de soins émotionnels, faisant en sorte que le Dragon se sente valorisé et apprécié. Cette dynamique permet au Dragon de continuer à poursuivre ses objectifs ambitieux tout en sachant qu'il a une base émotionnelle solide avec le Cochon.

Respect mutuel et soutien

Le Dragon et le Cochon partagent un profond respect pour les forces de l'autre. Le Dragon admire la gentillesse, la loyauté et la capacité du Cochon à créer un environnement familial chaleureux et aimant. Pendant ce temps, le Cochon respecte la force, la confiance et la capacité du Dragon à prendre en charge n'importe quelle situation. Cette admiration mutuelle crée une base solide pour la relation, car les deux partenaires se sentent valorisés pour ce qu'ils sont.

De plus, l'inclination naturelle du Dragon à diriger est équilibrée par la volonté du Cochon de soutenir. Les Cochons sont contents de jouer un rôle de soutien dans la relation, permettant au Dragon de prendre la vedette tout en offrant encouragement et soutien émotionnel. Cette dynamique fonctionne bien pour les deux signes, car elle satisfait le besoin du Dragon d'être en contrôle et le désir du Cochon de nourrir et protéger son partenaire.

Affection émotionnelle et physique

Le Dragon et le Cochon apprécient tous deux l'intimité physique et émotionnelle, bien qu'ils l'expriment différemment. Les Dragons sont passionnés et ardents dans leurs relations amoureuses, apportant intensité et excitation à leurs interactions. Les Cochons, en revanche, sont plus tendres et affectueux, recherchant une connexion émotionnelle profonde avec leur partenaire. Ensemble, ces signes peuvent créer une vie amoureuse équilibrée où la passion rencontre la profondeur émotionnelle. L'enthousiasme du Dragon complète la chaleur du Cochon, créant un lien amoureux rempli d'affection, de compréhension et de soin.

Les défis potentiels dans la relation Dragon-Cochon

Énergies et rythme de vie différents
L'un des principaux défis qui peuvent surgir dans une relation entre le Dragon et le Cochon est la différence de niveaux d'énergie et de rythme de vie. Les Dragons sont des individus pleins d'énergie qui recherchent constamment de nouveaux défis, excitations et aventures. Les Cochons, en revanche, préfèrent un mode de vie plus lent et plus détendu, trouvant la joie dans les plaisirs simples de la vie. Cette différence peut entraîner des tensions si le Dragon a l'impression que le Cochon est trop décontracté ou si le Cochon se sent accablé par la quête constante d'action du Dragon.

La clé pour surmonter ce défi est de trouver un équilibre entre le besoin d'excitation du Dragon et le désir de paix et de tranquillité du Cochon. Les deux signes doivent être prêts à faire des compromis et à consacrer du temps à la fois à l'aventure et à la détente, permettant à chaque partenaire de se sentir épanoui.

Indépendance contre proximité
Les Dragons, bien qu'ils soient profondément loyaux, ont un fort sens de l'indépendance et privilégient souvent leurs objectifs et ambitions personnels. Les Cochons, quant à eux,

recherchent la proximité et l'intimité émotionnelle dans leurs relations et peuvent se sentir contrariés s'ils se sentent négligés ou sous-évalués. Cette différence de besoins peut entraîner des malentendus, le Cochon se sentant non aimé ou le Dragon se sentant étouffé.

Pour créer l'harmonie, le Dragon devrait faire un effort pour rassurer le Cochon sur son amour et son engagement, tandis que le Cochon doit respecter le besoin du Dragon d'avoir de l'espace personnel et de l'indépendance. Une communication ouverte et une volonté de s'adapter aux besoins de l'autre peuvent aider à apaiser toute friction potentielle.

Gérer les attentes

Un autre défi qui peut surgir est la gestion des attentes concernant l'ambition et le mode de vie. Les Dragons sont souvent concentrés sur la réalisation de grands objectifs audacieux, tandis que les Cochons ont tendance à valoriser la stabilité et la sécurité émotionnelle. Si les ambitions du Dragon le poussent à prendre des risques menaçant le sens de la sécurité du Cochon, cela peut créer des tensions dans la relation. De même, le Dragon peut devenir frustré s'il a l'impression que le Cochon se concentre trop sur le maintien du statu quo et ne se pousse pas à grandir ou à explorer de nouvelles opportunités.

Les deux signes devraient travailler ensemble pour créer une vision partagée de l'avenir qui intègre à la fois ambition et sécurité. Le Dragon peut inspirer le Cochon à rêver plus grand, tandis que le Cochon peut aider le Dragon à apprécier la valeur d'un environnement domestique stable et soutenant.

Renforcer la relation Dragon-Cochon

Apprécier les forces de l'autre

L'une des meilleures façons de renforcer une relation Dragon-Cochon est de se concentrer sur les forces de l'autre. Le Dragon devrait apprécier la nature nourrissante et bienveillante du Cochon et reconnaître le soutien émotionnel que le Cochon offre. En retour, le Cochon devrait admirer la confiance et les capacités de leadership du Dragon, lui permettant de prendre les rênes lorsque nécessaire. En se concentrant sur ce que chaque partenaire apporte à la relation, le Dragon et le Cochon peuvent créer une dynamique harmonieuse et mutuellement soutenante.

Communication ouverte

Comme dans toute relation, la communication ouverte et honnête est essentielle. Le Dragon et le Cochon devraient faire un effort pour exprimer clairement et respectueusement leurs besoins et désirs. Le Dragon, avec sa personnalité audacieuse, devra peut-être apprendre à modérer son assertivité lors des discussions, tandis que le Cochon devra travailler à exprimer ses sentiments plus ouvertement. En favorisant une culture de communication ouverte, les deux partenaires peuvent résoudre les problèmes avant qu'ils ne se transforment en conflits plus importants.

Trouver un terrain d'entente

Enfin, le Dragon et le Cochon devraient travailler à trouver des intérêts et des activités communes qu'ils apprécient tous deux. Que ce soit voyager ensemble, poursuivre un hobby commun ou simplement passer du temps de qualité à la maison, trouver des activités qui satisfont à la fois l'esprit aventurier du Dragon et le désir de proximité du Cochon peut aider à renforcer leur lien.

Une relation fondée sur l'appréciation mutuelle

La compatibilité entre le Dragon et le Cochon est un magnifique mélange de passion, de chaleur et de loyauté. Bien que leurs différences puissent présenter des défis, la combinaison de l'audace du Dragon et de la nature nourrissante du Cochon peut créer un partenariat profondément épanouissant. En adoptant les forces de l'autre, en pratiquant une communication ouverte et en trouvant un équilibre entre aventure et stabilité, le Dragon et le Cochon peuvent construire une relation durable et harmonieuse qui repose sur le respect et l'appréciation mutuels.

Ce couple, lorsqu'il est nourri, a le potentiel de créer un amour à la fois dynamique et profondément sécurisé, offrant à chaque partenaire l'excitation et la connexion émotionnelle qu'il désire.